VIE

DE

SYLVIE MATHILDE DUMAS

EN RELIGION

MÈRE PHILOMÈNE.

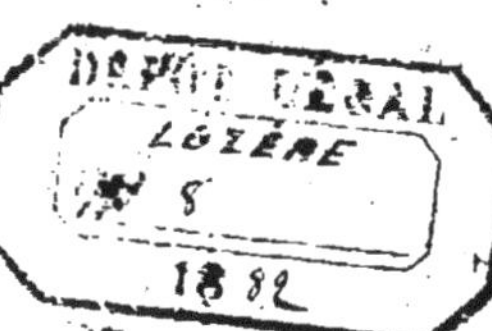

MENDE
IMPRIMERIE VEUVE IGNON, RUE DES BAINS, 11.

1882.

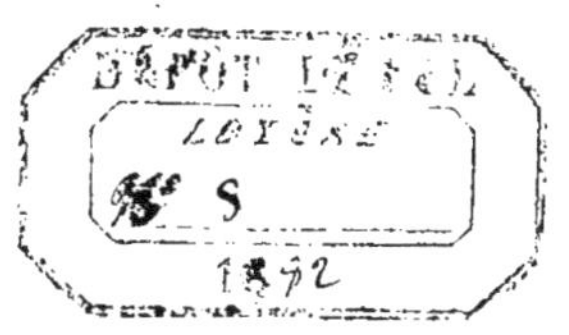

VIE

DE

SYLVIE MATHILDE DUMAS

EN RELIGION

MÈRE PHILOMÈNE.

MENDE
IMPRIMERIE VEUVE IGNON, RUE DES BAINS, 11.

1882

VIE

DE

SYLVIE MATHILDE DUMAS

DEPUIS SA NAISSANCE

JUSQU'A SON ENTRÉE AU COUVENT DES FIDÈLES COMPAGNES DE JÉSUS.

SYLVIE, MATHILDE, LOUISE, DUMAS, naquit le 18 décembre 1852 à Liaucous, petite paroisse du diocèse de Rodez, (Aveyron), de Jean, Silvain Dumas, et d'Eugénie Barascut.

Elle eut le bonheur ineffable d'avoir pour mère une de ces femmes d'élite louées dans les Saintes-Écritures, dont la vie tout entière est un dévouement parfait à son époux et à ses enfants, se sacrifiant elle-même, et ne s'épargnant aucune peine ni aucun sacrifice pour donner à sa famille une éducation foncièrement chrétienne, tout en lui inspirant l'amour de la vertu. Aussi, elle a été bien récompensée des soins assidus qu'elle a eus pour ses enfants, car, ses trois filles, dès l'âge le plus tendre, ont montré une vocation très prononcée pour l'état religieux et se sont consacrées à Dieu, sitôt qu'elles l'ont pu.

Sylvie, dont nous écrivons la vie est entrée dans l'institut des fidèles compagnes de Jésus; Marie Joséphine, dans celui de St-Paul-de-Chartres, et Louise, la plus jeune a pris l'habit dans la même maison que sa sœur Sylvie.

Aussi, nous répétons ici, avec plaisir, ce que disait naguère notre vénérable évêque :

« Heureuse mère qui avez de tels enfants !
« Heureux enfants qui avez une telle mère !

Sylvie naquit ornée de précieuses qualités d'esprit et de cœur. On vit bientôt se développer en elle, une intelligence précoce, un goût prononcé pour l'instruction, et tout particulièrement pour l'instruction religieuse ; une délicatesse de sentiments bien supérieure à celle des enfants de son âge ; un ardent amour pour ses parents, etc., etc.,

Mais, comme il n'y a rien de parfait dans ce monde, nous trouvons, à côté, un caractère vif et ardent, une volonté propre qu'il était fort difficile de briser, un certain désir de plaire, de dominer, un esprit porté à la légèreté, etc., tout, autant de défauts qu'il n'est pas rare de trouver chez les enfants de son âge, et qui auraient été funestes à l'avenir de notre chère Sylvie, si elle n'avait eu le bonheur de trouver près d'elle une main amie pour la guider et la faire marcher dans le beau chemin de la vertu.

Sa mère, par sa douceur et son aménité parvint à faire disparaître ces tâches qui, plus tard, auraient pu déprécier cette âme si pure et si belle.

En effet, on vit bientôt cette jeune enfant mettre toute son ardeur à être sage en classe, où elle fut mise dès qu'elle put marcher, à bien apprendre son catéchisme. Toute sa volonté, elle la tourna du côté du bien, la suite de Sylvie nous prouvera combien elle a été fidèle à ses premières résolutions. Elle dominera au-dessus de toutes ses compagnes par sa sagesse, sa piété et sa science ; elle apportera tous ses soins à plaire au petit Jésus et à ses chers parents ; elle s'amusera sans doute à des jeux innocents, jeux qui ne peuvent compromettre ni la candeur, ni la simplicité d'un caractère énergique et résolu avant tout.

A quatre ans, Sylvie sait déjà lire, et plus elle avance en âge, plus son intelligence se développe et plus ses progrès deviennent rapides. A l'église elle est un ange ; à l'école, elle est toute absorbée par le désir de s'instruire et ne perd pas un moment ; à la maison, elle fait les délices de ses parents par sa docilité, son obéissance qui fait qu'elle met beaucoup d'empressement à exécuter leur volonté et par les petits soins qu'elle donne à sa sœur plus jeune qu'elle ainsi qu'à son petit frère. Quand, dans la journée ou bien dans la soirée, elle peut trouver quelques moments disponibles en dehors de ses occupations ordinaires, elle les emploie, à coudre, à broder, ou bien elle reprend ses livres, entre autre son catéchisme qu'elle a su presque sans faute à l'âge de sept ans.

Aussi, monsieur le curé de la paroisse aimait à la citer pour modèle, et cela en public, aux autres enfants qui, pour être plus âgés qu'elle, ne lui donnaient pas la même satisfaction. Toute la paroisse était émerveillée de la précision, de la justesse et de la solidité avec lesquelles elle répondait aux questions qui lui étaient posées. Aussi, quoique dans le diocèse les règlements s'opposent à ce qu'on admette ordinairement à la première communion les enfants qui n'ont pas atteint l'âge de onze à douze ans, monsieur le curé crut qu'il était de son devoir de l'admettre quoiqu'elle n'eût atteint que sa huitième année. Il fit part de son dessein à sa mère qui ne fut pas de cet avis ; elle trouvait que sa fille, quoique assez instruite était encore trop jeune pour pouvoir se rendre compte à cet âge là de l'importance de l'acte le plus sérieux de la vie. Monsieur le curé coupa court aux considérations de la mère en disant qu'il en prenait sur lui toute la responsabilité et passa outre.

Sylvie, fit donc sa première communion à l'âge de huit ans, et telles qu'on voit les plantes croître, s'épanouir, fleurir aux rayons du soleil, alors qu'une douce rosée du ciel est tombée sur elles, telle on vit croître, s'épanouir et fleurir aux rayons du soleil de justice, cette jeune enfant que Dieu destinait à porter des fruits si précieux pour le ciel.

La jeune Sylvie s'était préparée à sa première communion avec toute la ferveur dont elle fut capable. Résidant dans cette âme candide, l'ami divin des cœurs innocents déposa dans celui de sa jeune fiancée le germe de sa vocation religieuse.

Ce fut en effet, au sortir de la table Sainte, où elle avait été admise pour la première fois, qu'elle prit la détermination bien arrêtée de se consacrer à Dieu pour toujours, comme elle nous l'a assuré plusieurs fois; mais il lui fallut attendre encore bien des années pour pouvoir réaliser son dessein. Ces années, elle les passa dans l'accomplissement fidèle de ses devoirs, édifiant, et sa famille et la paroisse par une conduite irréprochable et surtout par son assiduité à fréquenter souvent les sacrements.

Cependant, elle n'avait reçu encore que la première instruction et l'éducation ordinaire qu'on donne dans nos campagnes aux jeunes filles de son âge; il fallait à cette âme d'élite une instruction et une éducation en rapport avec les qualités éminentes que Dieu lui avait départies, pour qu'elle put marcher dans la voie qu'il avait commencé à lui tracer.

Ce fut à l'âge de douze ans, qu'un de ses oncles, curé de la paroisse Notre-Dame-d'Estables, la prit avec lui et l'envoya au couvent de Saint-Laurent-d'Olt, dirigé par les religieuses de l'adoration perpétuelle du Saint-Sacrement.

Pendant les trois ans qu'elle passa au couvent de St-Laurent, il n'y eut qu'une voix unanime soit parmi les maîtresses, soit parmi les élèves, pour proclamer sa vertu sans tâche et ses heureuses dispositions à une vie toute d'abnégation et d'amour de Dieu.

Elle était si heureuse de se trouver dans cette sainte maison, qu'elle n'aurait jamais voulu la quitter. La Révérende Mère supérieure aurait désiré la conserver, mais ce n'était pas là que Dieu avait désigné sa place, quoiqu'elle eût trouvé au milieu de ces Saintes épouses de Jésus-Christ toute sorte de consolation.

Elle quitta le couvent de Saint-Laurent, à l'âge de quinze ans, emportant avec elle les témoignages de sa sagesse, de son application et de ses progrès, c'est-à-dire les nombreux prix qui lui furent décernés pendant tout le temps qu'elle resta dans cette sainte maison.

Revenue sous le toit paternel à un âge critique, le nouveau genre de vie auquel elle va être employée dans sa famille, élargissant le cercle des relations nouvelles qu'elle doit avoir avec le monde, par suite, un peu plus de liberté que lorsqu'elle était partie; un caractère doux, affable, prévenant, poli, joint à certaines grâces extérieures, tout cela n'était-il pas fait pour exposer son innocence à bien des dangers, en la faisant passer par bien des épreuves? C'est ce qui ne manqua pas d'arriver.

Sans jamais oublier les engagements qu'elle avait pris envers son Dieu dès sa plus tendre enfance; sans jamais manquer de respect envers ses parents, fréquentant régulièrement les Sacrements, elle crut que, sans fallir à ses devoirs essentiels, elle pouvait faire quelques concessions aux exigences du monde. Ainsi, elle se plaisait dans les fêtes, elle aimait à s'amuser, à rire, et peu à peu on remarqua le soin qu'elle prenait à se bien parer ce qui joint à son physique gracieux la fit rechercher; elle semblait sourire aux avances qui lui étaient faites, non pas que son intention ne fut toujours droite: mais, si elle aimait à s'amuser ou à rire, elle croyait qu'on pouvait allier toutes ces choses là qu'elle se croyait permises, avec la piété. Ainsi, elle disait un jour à sa sœur Marie, beaucoup plus sérieuse et plus réfléchie qu'elle-même, quoique plus jeune: Pourquoi ne viens-tu pas avec nous? Je veux bien me faire religieuse comme toi, dans les couvents on n'aime pas les momies....

Elle commençait donc à aimer les fêtes mondaines, lorsque Dieu, qui ne voulait que l'éprouver, se servit de ces fêtes mêmes, pour lui faire voir la vanité et la folie du monde; une déception qu'elle y éprouva une fois, la fit réfléchir et rentrer en elle-même.

Invitée aux noces d'une parente, elle crut pouvoir y assister, par convenance, mais elle dut s'apercevoir que tout ne s'y passa pas comme aux noces de Cana. Aussi, le soir lorsque, rentrée chez elle, elle veut faire son examen de conscience, elle rougit, se jette aux pieds de son crucifix, l'arrose de ses larmes et lui jure qu'elle ne reparaîtra plus dans aucune fête mondaine. Les quelques lignes qu'elle nous a laissé écrites de sa propre main le soir même, vont nous dire quelles furent ses protestations de repentir et ses futures résolutions.

« Adieu, monde pervers et insensé.....
« Que ton amitié est fausse et trompeuse.....
« En vain, voudrais-tu me parler...
« Non jamais, non, je ne veux t'écouter...
« O mon bon Maître ! Je vous avais délaissé
« Un instant est-ce possible !...
« Punissez-moi comme je le mérite, mais,
« Avec votre sainte grâce; je ne vous
« Quitterai plus désormais »....

L'épreuve qu'elle venait de traverser fut le dernier coup de grâce dont Dieu se servit pour se l'attirer de la manière la plus intime et la plus parfaite.

Elle aurait voulu partir tout de suite pour consommer son entier sacrifice.... Mais dans quelle maison était-elle appelée ? Dieu n'avait pas encore parlé. Elle se résigne à attendre ses ordres et sa volonté. En attendant, elle emploie son temps à mûrir ses projets et à se préparer d'une manière plus prochaine à les accomplir lorsque la volonté de Dieu se sera fait connaître.

En vain quelques-uns de ses parents veulent la détourner en lui faisant entrevoir qu'elle est l'aînée de sa famille; en vain, elle entend autour d'elle les railleries des mondains qui lui répètent à saciété, qu'elle n'est pas faite pour être religieuse et qu'elle n'en a pas l'inclination voulue. Vains efforts du monde ; elle foule aux pieds et ses vues et ses railleries. Une seule chose l'occupe, c'est celle de connaître la maison religieuse que Dieu doit lui désigner. C'est vers ce but qu'elle fera tourner son travail et toutes ses occupations. Combien de fois nous l'avons vue s'y dérober pour aller se jeter aux pieds de son Divin époux pour lui réitérer mille et mille fois de hâter le moment où il lui serait donné de rompre tout à fait les liens qui l'attachaient encore à la terre pour se consacrer à lui d'une manière définitive. — Elle nourrissait en même temps son âme de la méditation, de la prière, de la fréquente communion, de la lecture des livres de piété tels que : l'Imitation de Jésus-Christ, la Vie des Saints et surtout de la lecture des Annales de la Propagation de la Foi et de la Sainte-Enfance.

Au récit des merveilles opérées par les Missionnaires et surtout par les religieuses des divers ordres, parmi les nations infidèles ; elle sentait son cœur bondir, enflammé par le désir d'aller partager les travaux et les souffrances de ces âmes héroïques qui ont renoncé à leurs familles et à toutes les joies du monde pour gagner des âmes à Jésus-Christ. Il lui semblait que sa place était marquée au milieu de cette troupe infatigable, courant après les brebis égarées dût-il lui en coûter la vie ! Mais, ce n'est pas encore là que Dieu veut accepter son zèle et son dévouement, sa place est marquée ailleurs, et enfin Dieu va la lui faire connaître.

Un autre de ses oncles, curé de la paroisse de Canet-d'Olt, intimément lié avec M. l'abbé Lesmayous, vicaire de Notre-Dame de la Gare, diocèse de Paris, pria ce dernier de lui indiquer une communauté en rapport avec les excellentes qualités et les heureuses dispositions de sa nièce, M. Lesmayous n'hésita pas à lui proposer celle des

Fidèles compagnes de Jésus dont M. l'abbé Tournemire était aumônier et qui est devenu aujourd'hui promoteur de l'officialité du diocèse de Rodez. En même temps il lui donna la vie écrite de Madame d'Houet, fondatrice de la société, afin que Sylvie put prendre connaissance avant de rentrer dans cet Institut, des hautes vertus et des grands sacrifices qu'elle s'était imposés, ainsi que du courage héroïque avec lequel elle avait soutenu les terribles luttes qui lui furent suscitées de toutes parts pour s'opposer à ses desseins, et dont elle sortit victorieuse par son courage, sa foi, sa confiance envers celui pour qui elle travaillait, et enfin, par sa constance et sa persévérance.

Notre future postulante était une de ces âmes généreuses, ardentes, qui ne marchandent pas avec Dieu; elle voulait se faire religieuse, mais tout de bon, afin de se sacrifier, se dévouer, s'immoler, elle aussi.

La vie de Madame d'Houet fut pour elle un trait de lumière. Désormais, elle croit que sous la tutelle de cette Sainte héroïne de la vertu, son renoncement sera plus parfait et son dévoûment inaltérable.

Dès ce jour, elle se dit fidèle compagne de Jésus; de plus, elle trouve dans la vie qu'elle a menée, un peu de ressemblance avec celle de madame d'Houet; dès ce moment, elle supplie cette bonne mère de la prendre pour une de ses enfants, et, depuis que ses désirs ont été accomplis, elle lui a voué un tel culte que jamais elle n'a entrepris la moindre action sans, au préalable, l'avoir mise sous sa protection; vivant pour ainsi dire de son esprit jusqu'à sa dernière heure, disant, à l'approche de la mort, aux mères si bonnes qui lui prodiguaient leurs soins, qu'elle ne mourrait que lorsque la Très Révérende Mère viendrait la prendre et la conduire avec elle dans le séjour éternel. *(Journal annuel de la communauté).*

Voyant ses désirs prêts à se réaliser, elle ne se

possède pas de joie, et, tout ayant été réglé, notre jeune aspirante quitte sa famille avec un courage admirable. Animée de l'amour le plus tendre envers ses parents, elle les visite tous avant de partir et dit à tous, que si elle se sépare d'eux, c'est pour travailler avec plus de liberté au salut de son âme. A ceux qui veulent encore la détourner en lui disant d'attendre, que sa vocation est trop précipitée, elle répond : « Il y a bien longtemps que je voulais me « faire religieuse ; si je n'en faisais rien paraître « au dehors, je n'en avais pas moins l'intention bien « arrêtée au fond de mon cœur ».

Enfin, arrivée à l'âge de dix-huit ans, c'est le 27 février 1870 qu'elle part pour Paris, sous la surveillance de M. Noguéry, supérieur des missionnaires de Vabres et aujourd'hui grand vicaire de Monseigneur l'évêque de Rodez. Elle part sans verser une seule larme, non pas par dureté de cœur, mais heureuse de faire la volonté de Dieu qui l'appelait à lui.

SUITE DE LA VIE

DE

SYLVIE DUMAS

DEPUIS SON

entrée au Couvent des Fidèles Compagnes de Jésus jusqu'à sa Mort.

Arrivée à Paris, notre chère Sylvie n'y resta que quelques jours ; la Révérende Mère supérieure, vu les malheurs du temps à cette époque troublée et pour obvier aux dangers que pourraient courir ses chères filles, venait de transférer le noviciat à Sainte-Anne-d'Auray, département du Morbihan, à l'extrémité de la Bretagne. C'est là que Sylvie fut envoyée, non pas pour rentrer au noviciat, mais pour suivre les cours du pensionnat.

Le pensionnat de Sainte-Anne, comme au reste tous ceux de la communauté, donne d'abord une brillante éducation aux jeunes demoiselles des grandes familles qui y affluent des diverses nations de la terre, surtout de l'Angleterre ; mais à côté du grand cours, il y en a un second pour les personnes d'un degré inférieur, voire même un orphelinat pour les pauvres.

On donne aux demoiselles des leçons sur les langues vivantes et sur les divers arts qui conviennent à leur position sociale, mais le principal but de cet institut, c'est de former les élèves à la piété en leur donnant une éducation chrétienne, afin que, revenues dans le monde, au sein de leur famille, quelle que soit la position et le rang qu'elles auront à y occuper, elles brillent non pas tant par les agréments mondains, mais par les vertus que les mères ont su leur inculquer, autant par leurs exemples que par leurs leçons. Aussi le bien qui en résulte est immense, et comment pourrait-il en être autrement? Dans une communauté où toutes les religieuses, de quelque pays qu'elles soient et à quelque nation qu'elles appartiennent, plusieurs même, ayant renoncé à un brillant avenir social, ayant pris pour modèle Notre Seigneur Jésus-Christ, dont elles se déclarent les fidèles compagnes, se trouvent heureuses en reflétant en elles les vertus de leur divin époux. Aussi, il suffit qu'une élève mette le pied dans quelqu'une de ces maisons pour que, témoin du désintéressement, de l'humilité, de la douceur, de la tendresse, du dévouement et des soins maternels et empressés de toutes les mères, elle ne s'écrie aussitôt : « Qu'il fait bon d'être « ici !... ».

C'est ce que comprit tout de suite notre bien regrettée Sylvie, dès les premiers instants ; elle se trouva inondée de joie et de bonheur et se dit en elle-même : « Enfin, je suis chez moi, je suis ici par la volonté « de Dieu qui m'a conduite par la main dans cet asile « béni, au milieu de ces anges de paix. O que je « vais être heureuse !... »,

La voilà donc arrivée au comble de ses vœux et de ses désirs, elle a trouvé la communauté qui convient à ses goûts et après laquelle elle avait soupiré depuis si longtemps.

Devant faire à part un chapitre détaillé sur ses vertus, il nous suffira de dire ici que dès les premiers jours, elle a conquis l'estime, la confiance, l'affection de ses maîtresses, par sa piété, sa ferveur, son humilité, sa modestie, sa docilité, son obéissance et son application ferme et soutenue pour avancer dans la voie de la perfection et acquérir la science nécessaire pour devenir une bonne compagne de Jésus. Elle est citée comme le modèle du pensionnat, et bientôt, en récompense, on lui donne le titre d'enfant de Marie, et, comme de ce titre au noviciat il n'y a qu'un pas, bientôt aussi elle sera revêtue de l'habit des Fidèles Compagnes de Jésus.

Deux années se passèrent ainsi à Sainte-Anne, mais en 1873, la Révérende Mère supérieure, venant de fonder une nouvelle maison à Nantes, jugea à propos d'y envoyer Sylvie pendant une année pour être l'édification des jeunes élèves qui devaient y arriver et devenir ses compagnes.

C'est de Nantes qu'elle écrivit à ses parents, en réponse à une lettre de leur part, dans laquelle, revenant à la charge, ils la suppliaient de réfléchir encore avant de s'engager définitivement, ces quelques lignes qui la caractérisent :

« Croyez-vous donc que trois ans n'ont pas suffi « pour me déterminer entièrement? D'ailleurs, lors« que je suis partie, j'étais aussi résolue de rester « que je le suis aujourd'hui, et vous savez, mes « bien chers parents, que lorsque j'ai dit un jour : « oui, le lendemain, je ne dis pas : non. Peut-être, « avez-vous cru, le jour où je vous ai dit que je « voulais me faire religieuse, que c'était une folie « qui me passait par la tête, mais loin de là; vous « savez aussi que lorsque je fais une chose, je la « fais en entier, etc., etc. *(Nantes, 20 avril 1873* ».

Ce fut au mois de juillet qu'on la rappela de Nantes à Sainte-Anne pour la faire rentrer au noviciat. Bientôt après son retour elle prit l'habit de fidèle compagne de Jésus, et le 5 avril 1874, elle écrivit encore à ses parents : Je suis toujours très « heureuse et très contente au noviciat. Vous le « comprenez sans doute, puisqu'il ne me manque « plus qu'une chose. c'est-à-dire de faire mes « vœux; priez bien pour moi; de mon côté, soyez « bien persuadés que je ne vous oublie pas, etc., « etc. »

Si pendant les trois ans qu'elle passa au pensionnat, elle ne perdit jamais de vue la fin et le but qu'elle s'était proposés en s'arrachant à la tendresse de ses parents, ce fut bien autre chose pendant les deux années de son noviciat; nous en avons pour preuve le témoignage de ses maîtresses, toutes édifiées de sa piété angélique, de tout le soin qu'elle prenait à régler toutes ses actions en conformité à la volonté de Dieu, de sa fidélité à l'accomplissement de ses devoirs, de son renoncement à elle même pour ne vivre que de l'amour de Jésus. Aussi quelle ne fut pas sa joie, lorsque la Révérende Mère supérieure générale lui annonça qu'elle était appelée à faire sa profession. C'est ce que nous allons voir dans deux lettres adressées encore à ses parents : l'une à son père et sa mère, l'autre à son oncle, curé de Notre-Dame d'Estables. La lettre adressée à sa famille est datée du 14 juillet 1874.

« Si mon silence s'est longtemps prolongé, je vais « le rompre aujourd'hui pour vous annoncer la plus « heureuse nouvelle. Vous devinez sans doute ce « que je vais vous dire, car vous connaissez mes « désirs et vous savez qu'ils se réduisent tous en « un seul. Et bien, vers le milieu du mois d'août, « Notre-Seigneur Jésus-Christ veut bien me prendre « pour une de ses fidèles compagnes, et notre « Révérende Mère supérieure veut bien, dans sa « bonté toute maternelle, m'admettre au nombre « de ses filles, quoique depuis longtemps je me « dise telle. Nous devons prononcer nos vœux le « dix-huit, nous sommes un assez grand nombre « qui faisons partie de cette cérémonie.

« Je sais que la distance qui nous sépare étant si « grande, vous ne pourrez pas y assister, mais je « me recommande, ce jour là plus que jamais, à « vos bonnes prières afin que Notre-Seigneur Jésus-« Christ me fasse la grâce d'être une bonne et fidèle « compagne; de mon côté je ne vous oublierai pas, « soyez en persuadés, car si je ne puis être près « de vous pour vous assister dans tous vos besoins, « du moins je m'acquitterai du plus essentiel qui « est de prier pour vous. Par là, je sais que Dieu ne

« vous laissera manquer de rien, car que peut-il « refuser à ceux qui lui ont donné ce qu'ils avaient « de plus cher ! Et si Notre-Seigneur Jésus-Christ « vous sert, vous serez mille fois mieux servis que « si Marie et moi étions toujours restées auprès de « vous.

« Je crois vous avoir dit plusieurs fois que les « vœux que nous faisons dans cette communauté « sont perpétuels, donc, ce n'est pas pour quelques « années que je vais me donner à Dieu, mais c'est « pour toujours. Notre vie, quelque longue qu'elle « soit, n'est rien comparée à l'éternité; ainsi, si nous « ne nous revoyons sur cette terre, nous nous re- « trouverons tous dans le Ciel ; alors les quelques « années de séparation nous procureront une joie « bien douce.

« Pour le moins, je vous écrirai une fois l'année, « quelquefois plus souvent, mais dans mes lettres « répetées, que pourrais-je vous dire ? sinon que « je suis au comble du bonheur et que j'ai tout ce « que je désire, car celui qui possède Jésus a « tout.

« Donc, nulle inquiétude sur mon avenir ; de mon « côté, je vous croirai toujours heureux avec la « certitude que Dieu prendra soin de vous, comme je « vous l'ai déjà dit.

« Maintenant, que vous dirai-je pour vous expri- « mer toute ma joie à l'approche de ce grand jour ; « ma plume se refuse d'écrire tout ce que je ressens « et ma langue est sans parole, car il faudrait une « langue céleste pour vous dire tout mon bonheur. « Il vous suffit pour cela de vous rappeler que « depuis plus de douze ans j'attends avec impatience « ce jour tant désiré. Enfin, mes vœux seront au « comble, j'aurai tout ce que je veux.

« Je me tais, car mon silence vous en dira bien « plus que je ne le pourrais moi-même. Ah ! mes « bien-aimés parents, que je suis heureuse, dites-le « à tout le monde, afin qu'on se réjouisse avec moi, « etc., etc. »

Dans la lettre à son oncle d'Estables, elle disait : « Il approche enfin, ce jour tant désiré, et je suis « heureuse de vous dire que le dix-huit de ce mois, « je vais faire ma profession religieuse.

« Que vous dirai-je, mon cher oncle, pour vous « exprimer toute ma joie ; il vous suffit de vous « rappeler mes longues années d'attente, et cela « vous dira mon bonheur, car vous le savez bien, « lorsqu'on attend une chose pendant longtemps, le « plaisir est plus grand lorsque cette chose vous « arrive. Je me tais donc à ce sujet et laisse à Notre-« Seigneur Jésus-Christ de vous dire tout ce que je « ressens. Je ne pourrai jamais répéter assez sou-« vent cette phrase : Que je suis heureuse ! Que « Notre-Seigneur Jésus-Christ m'a aimée de me « conduire dans cette sainte société ! Au ciel vous « saurez seulement ce que c'est que d'être fidèle « compagne de Jésus. Tout est renfermé dans ce « nom, et y être fidèle fera mon bonheur et dans « cette vie et dans l'autre.

« O mon bien cher oncle ! priez bien pour moi, « afin que je corresponde directement à cette si « grande et si précieuse grâce. Qu'ai-je fait pour la « mériter ? Rien, et cependant Dieu, dans sa bonté, « a voulu me choisir pour son épouse privilégiée. « Que d'actions de grâces j'ai à rendre au Seigneur « et que je me sens impuissante ! etc., etc.

Les nobles et sublimes sentiments exprimés dans ces deux lettres nous disent assez combien la victime était prête, et combien aussi Dieu allait accepter avec reconnaissance ce sacrifice d'amour, fait avec joie et désintéressement. Dès le moment qu'elle avait fait ses vœux, afin que rien ne put la détacher du cœur de Jésus et pour parvenir à une plus haute perfection, elle aurait voulu rompre même les liens les plus sacrés de la nature qui l'unissaient à ses chers parents qu'elle aimait tant. Elle aurait voulu n'avoir aucun rapport avec eux même par lettre, mais les convenances la déterminèrent à se résoudre à leur écrire une fois par an. Ce qu'elle n'osa faire pour son père ou sa mère, elle le fit pour sa sœur Marie, alors sœur Juliette, sœur hospitalière dans les hôpitaux militaires de Saïgon (Cochinchine). Ces deux sœurs incomparables, sur la proposition de Sylvie; firent entre elles le serment énergique de ne plus s'écrire l'une à l'autre pendant tout le temps que Dieu voudrait les laisser sur la terre ; et elles ont tenu leur parole jusqu'à la mort de la mère Philomène.

C'est ainsi que par le sacrifice de leurs relations intimes et bien permises, ces deux cœurs innocents ont voulu prouver à leur époux qu'ils ne devaient plus vivre que pour lui, sans réserve aucune.

Lorsque Sylvie entra au noviciat, elle prit le nom de mère Eulalie, mais quelque temps après sa profession qui eut lieu le 18 août 1875, elle fut envoyée à Nice pour faire une classe dans le pensionnat tenu par les Fidèles Compagnes de Jésus. Comme à Nice il y avait une autre mère du nom d'Eulalie, on substitua à ce nom celui de mère Philomène qu'elle portera jusqu'à sa mort.

A Nice, comme à Sainte-Anne et à Nantes, elle se montra toujours esclave de ses devoirs, faisant la classe avec le plus grand soin, chérie de ses élèves qu'elle savait si bien diriger, mais surtout elle se fut bientôt acquis l'estime des mères, ses compagnes, édifiées de sa piété toute céleste et toujours remplie de déférence et d'affection pour elles. Pendant les deux années qu'elle passa au pensionnat de Nice, ses lettres furent encore plus rares. Néanmoins, elle fut obligée de rompre son silence pour répondre à deux lettres de sa plus jeune sœur Louise, qui lui demandait ses conseils, après lui avoir dit qu'elle se sentait portée à l'état religieux et qu'elle avait une prédilection marquée pour la communauté des fidèles compagnes de Jésus. Voici en partie sa réponse avec cette délicatesse de sentiments dont elle ne se départit jamais. La lettre est datée du 12 mai 1877 (Nice).

« Ma Chère Sœur,

« Tu ne peux comprendre la joie que j'ai éprouvée « en lisant tes deux lettres, surtout la dernière. « Cependant, ne crois pas que j'aie été surprise, car « il y a longtemps, avant même que tu eusses pensé « à te faire religieuse, que je savais que tu le serais « un jour, et même que tu serais Fidèle Compagne « de Jésus. Donc, ma chère Louise, puisque c'est « Dieu qui t'appelle, ne sois pas sourde à sa voix. « Tu es peut-être étonnée de mon silence et de ce « que, sachant que tu devais être religieuse, je ne « t'en ai jamais dit un mot : c'est, ma chère Louise, « que je ne voulais t'influencer en aucune manière ; « je voulais que Notre-Seigneur Jésus-Christ t'en fit « les premières propositions, voilà pourquoi j'avais « dit à Marie de ne jamais t'en parler. Car dans ce « cas on ne pourra pas dire : Louise se fait reli- « gieuse parce que les deux sœurs le sont, etc., etc « Tu désires voir arriver le jour où tu pourras dire « adieu au monde, je le comprends, ma chère sœur, « mais un peu de patience, le temps passe bien vite, « et sans t'en apercevoir, le jour tant désiré pour toi « arrivera. En attendant, prie bien le bon Dieu, car « c'est dans la prière que l'on trouve la force néces- « saire pour surmonter toutes les difficultés qui se « présentent dans la vie. J'espère que notre Révé- « rende mère te recevra aux mêmes conditions que « moi, car, quoique je ne sois pas une fille aussi « digne d'une aussi bonne et aussi sainte mère que « je devrais l'être, je pense que par ta bonne con- « duite, tu feras oublier tous mes défauts et toutes « mes méchancetés et que tu pourras un jour, par « ton dévouement, sauver beaucoup d'âmes. »

Immédiatement après, elle lui parle de la sainteté, de la bonté de la mère générale, de sa grande sollicitude pour les filles et l'engage à lire la vie de la mère fondatrice Madame d'Houet. Elle trouvera dans cette vie admirable tout ce qui peut l'intéresser, la manière de vivre des fidèles compagnes de Jésus et tous les détails qu'elle lui demande. Car c'est toujours le même esprit qui règne dans la société. Après l'avoir engagée à avoir une grande dévotion envers la Ste-Vierge, elle ajoute : « Continue ma « chère Louise, car elle ne te fera jamais défaut « dans aucune de tes nécessités.

« Pour moi, je ne serais jamais religieuse, si « cette bonne mère ne m'avait prise par la main « et ne m'avait conduite dans cet heureux asile, où « se goûte une si grande paix, paix connue seule-« ment des âmes qui se donnent sincèrement à « Notre-Seigneur Jésus-Christ. »

Après lui avoir parlé du bonheur qu'elle trouvera dans l'état religieux, elle ne lui laisse pas ignorer qu'elle y trouvera des peines.

« Ce n'est pas, ma chère petite sœur, que dans la « vie religieuse, il n'y ait pas des croix ; certaine-« ment, il y en a, je ne veux pas te le dissimuler, « car le chemin du ciel est semé de ronces et « d'épines, mais nos croix sont bien petites com-« parées à celles des personnes du monde, puisque « Jésus-Christ porte la plus grande partie du fardeau.

« Maintenant, ma petite sœur, remercie bien le « bon Dieu, de nous avoir donné des parents tels « que les nôtres ; car tu le vois, ils ne nous ont rien « refusé de ce que nous leur avons demandé et ils « en feront de même pour toi, malgré le besoin « qu'ils auraient de te garder près d'eux pour être « le gardien et le soutien de leur vieillesse. Mais « Dieu, qui voit toute leur générosité et qui voit « aussi combien ils s'oublient eux-mêmes pour « lui sacrifier tout ce qu'ils ont de plus cher, saura « bien les dédommager et les assister dans leurs « besoins bien mieux que si nous étions près d'eux.

« Quant à mon frère, il est entre les mains de « Notre-Seigneur Jésus-Christ, il ne peut être mieux « placé. Qu'il prie bien, qu'il soit sage et bon et « qu'il soit persuadé que tout arrivera selon nos « désirs, qui ne désirerons en tout que la volonté « de Dieu.

« A mon père et à ma mère, je leur dis tout ce « que mon cœur peut m'inspirer, et qu'ils sachent que

« je suis toujours leur enfant affectionnée. Si je leur « écris si rarement, ce n'est que pour faire la volonté « de Dieu et non pour toute autre chose etc., etc.

Mère Philomène resta à Nice jusqu'en 1878. Est-ce par excès de fatigue, par la douceur du climat, ou bien encore pour toute autre cause? Toujours est-il que sa santé commença à s'altérer. Ses supérieures jugèrent à propos de la rappeler à Paris. Là, pour lui laisser réparer les forces, on lui donna un travail facile. Sa santé parut se rétablir pendant l'année qu'elle passa à Paris. C'est ce que constatèrent son oncle curé de Canet et son cousin l'abbé Firmin, vicaire à Sainte-Eulalie-du-Larzac, qui avaient été lui faire une visite, en conduisant près d'elle sa sœur Louise, qui entrait comme postulante dans cette communauté. Pendant les huit jours qu'ils passèrent près d'elle, ils furent les témoins de sa joie, de sa gaîté, de son bonheur. Pour mieux s'assurer de la réalité, le curé de Canet, demanda en particulier à la Mère supérieure ce qu'elle pensait de sa nièce. Mère Philomène, lui répondit-elle, est une religieuse parfaite, toute la communauté la considère comme une sainte.

Comptant sur le rétablissement apparent de sa santé. Et pour mieux utiliser son zèle et son activité, à l'ouverture des classes, on l'envoya à Reuil (Seine-et-Oise.) Là, elle eut à coopérer à l'instruction et à la moralisation d'un grand nombre d'enfants n'ayant aucune teinture de religion et appartenant pour la plupart à des parents qui ne pratiquent pas. Elle se félicite dans une de ses lettres des succès obtenus auprès de ces petits êtres, naguère si ignorants, et aujourd'hui si sages, si dociles, si pieux.

Pendant qu'elle était à Reuil, une terrible nouvelle vint la frapper: C'était la mort de son pauvre père. Elle ne put faire de moins que d'écrire une lettre de condoléance à sa mère désolée, à laquelle Dieu, après lui avoir demandé le sacrifice de ses trois filles, venait de lui demander celui de son époux bien aimé; elle s'exprime ainsi :

Reuil, 25 décembre 1879.

« Ma Chère Mère.

« Laissez-moi à la fin de cette année, venir un « moment près de vous, afin qu'ensemble nous « remercions notre Seigneur des grâces conti- « nuelles qu'il ne cesse de répandre abondamment « sur notre chère famille. La croix vous a paru un « peu lourde cette année, mais encore remercions « notre bon Maître. Les croix nous font tant de « bien !... Elles nous montrent que nous ne sommes « pas créés pour cette misérable vie où tout passe « mais pour une vie où nous serons éternellement « ensemble, sans jamais nous séparer.

« Que vous souhaiterai-je pour l'année qui va « commencer? Mes souhaits et mes vœux, quoique « des plus ardents, sont encore trop peu en com- « paraison de ce que je voudrais faire pour vous. « Pour remédier à ma faiblesse, je prie celui à qui « rien n'est impossible de faire descendre sur vous « tout ce qui peut contribuer à votre bonheur.

« Votre isolement doit parfois vous paraître un « peu pénible, mais consolez-vous, ma chère mère, « car je suis plus près de vous que vous ne le « pensez.

« Ce matin, auprès de la crèche, j'aimais à vous « voir tous réunis auprès de Notre-Seigneur Jésus- « Christ, et il me semblait que ce bon Maître se « plaisait à répandre sur nous tous, ses plus abon- « dantes bénédictions.

« Parmi les personnes qui entouraient le divin « enfant, il y en avait une qui attirait les regards « complaisants de ce Dieu nouvellement né, et cette « personne, c'était vous, ma bien aimée mère !

« Non, vous ne pouvez comprendre, combien notre « Seigneur vous aime parce que, vous avez su lui « faire généreusement tous les sacrifices qu'il a « demandés de vous.

« La mort de mon pauvre père a été encore une

« grâce !... etc., Prions beaucoup pour lui, moi je « ne cesse de supplier le Seigneur de lui faire mi- « séricorde J'espère que mes prières seront bientôt « exaucées, si elles ne le sont déjà.

« Vous comprenez, ma chère Mère, le plaisir que « j'ai eu de passer quelques jours avec ma chère « sœur Louise. A loisir, nous avons pu causer de « tout ce qui peut nous intéresser. Je l'ai trouvée « charmante et remplie de bonne volonté pour tout « ce que l'on pourra exiger d'elle. J'ai appris qu'elle « était très heureuse à Sainte-Anne sous la tutelle « de la Révérende Mère générale, qui lui prodigue « les mêmes soins maternels qu'elle m'avait prodi- « gués à moi-même. Elle fait la consolation de ses « maîtresses, à cause de ses excellentes qualités. « Tout porte à croire qu'elle fera une excellente « religieuse. Vous vous plaignez que je ne vous « parle jamais de ma santé. A vous dire vrai, j'ou- « blie. Je puis vous dire aujourd'hui, que je me « porte parfaitement bien. J'ai été un peu enrhumée, « mais c'est fini, donc, je vous en prie, ne vous « tourmentez jamais au sujet de ma santé. Mon « oncle aura dû confirmer ce que je vous disais « toujours : Que je suis heureuse ! etc.. etc. »

Était-ce pour ne pas effrayer sa mère ou bien, se faisait-elle illusion au sujet de sa santé ? C'est ce que nous ne pouvons dire, mais ses forces ayant repris pendant qu'elle était à Paris, commencèrent à s'affaiblir insensiblement à Reuil, et vers la fin juillet, on l'envoya pour se reposer à Gentilly, maison de campagne de la communauté située à quelques kilomètres de Paris. Sur ces entrefaites, le curé de Canet ayant eu occasion d'écrire à la Mère générale, lui dit qu'il était fort surpris que depuis plus d'un an qu'il avait fait une visite à sa nièce, celle-ci n'avait daigné lui donner signe de vie. La supérieure ordonna tout de suite à mère Philomène, d'écrire à son oncle, mais celle-ci, pour ne pas manquer aux promesses qu'elle avait faites à Dieu lors de sa profession, adressa la lettre, non à Canet mais bien à son oncle le curé d'Estables.

« Mon Cher Oncle.

« Vous allez être surpris en recevant de mes
« nouvelles après un si long silence, mais je viens
« m'acquitter d'un acte d'obéissance, acte assuré-
« ment bien doux pour le cœur d'une nièce qui aime
« beaucoup son oncle. Notre Révérende Mère gé-
« nérale ayant reçu des plaintes de mon oncle de
« Canet, de ce que je n'écrivais pas, elle a eu la
« bonté de me faire dire qu'elle était bien étonnée
« de ce que je ne m'entretenais pas plus souvent
« avec vous. Je n'écris pas aujourd'hui à mon oncle
« de Canet ; ce sera un peu plus tard. »

Après être entrée dans quelques détails sur la maison de Gentilly et sur le caractère et les besoins des enfants confiés aux soins des religieuses, elle ajoute :

« Me trouvant un peu fatiguée à la fin des clas-
« ses, notre bien aimée Mère générale dans sa
« bonté plus que maternelle, m'a envoyée passer
« quelques jours à Gentilly où je respire le bon air
« de la campagne et je bois le bon lait de vache.
« Nos mères font tant pour moi et me prodiguent
« tant de soins assidus, que j'espère bientôt, avec
« le secours des prières de ceux qui s'intéressent
« à moi, voir mes forces revenir, etc., etc. »

Ce qu'il y a de plus saillant dans cette lettre, c'est que, lorsque après avoir adressé ses compliments aux divers membres de sa famille, elle ajoute :
« A mon oncle de Canet, mille choses pour avoir
« trouvé le moyen de me faire écrire. Les morts
« ne sortent pas de leur tombeau, pour nous ap-
« porter de leurs nouvelles, et cependant lui m'en
« a fait sortir !... »

Hélas ! pour y rentrer bientôt d'une manière définitive !...

En effet, le 22 novembre, la Mère supérieure de Paris écrivait à sa mère : Il y a quelques semaines, votre chère fille a été envoyée ici dans l'espoir qu'un changement d'air lui serait profitable. Effectivement, dans les premières semaines, elle se trouvait mieux, et le médecin donnait de l'espoir, mais depuis dix jours, le mal a pris le dessus; nos efforts pour le combattre sont restés infructueux et aujourd'hui, le médecin nous fait entrevoir que seul, un miracle pourrait la sauver.

On prie avec ardeur, nos enfants s'unissent à nous, votre chère fille aussi, mais en nous disant qu'elle compte bientôt aller au ciel. Il me serait impossible, madame, de vous dire, combien cette jeune religieuse est édifiante. *Le parfum de ses vertus embaume la maison.*

Tandis qu'autour d'elle, on se donnait tant de peine, et on prenait tant de soin pour conserver une existence si précieuse, elle-même était dans le calme le plus parfait, la joie la plus pure, la confiance la plus absolue en Notre-Seigneur Jésus-Christ. Elle ne tenait plus à la terre, il lui semblait être dans le ciel auprès de son divin époux qu'elle allait bientôt rejoindre pour ne plus se séparer de lui. Cependant, avant de mourir, elle voulut encore écrire à sa mère pour lui annoncer le fatal dénouement qui était sur le point d'arriver. Nous allons transcrire littéralement cette lettre sublime qui est le résumé des sentiments de toute sa vie.

Ma bien Chère et bien Aimée Mère.

« Ma main toute tremblante vient vous annon-
« cer une si bonne nouvelle, que j'espère vous allez
« être dans l'allégresse. Qu'est-ce donc me direz
« vous? Sans doute, mon oncle d'Estables, d'après
« une lettre que je lui ai écrite, ne vous aura pas
« laissé ignorer mon état de santé, qui cependant,
« à ce moment là, ne semblait avoir rien de grave.
« Et bien, depuis lors, mes forces ont diminué consi-
« dérablement, de sorte que, après beaucoup de
« prières et de neuvaines faites pour obtenir ma
« guérison, je crois être exaucée, non pas comme
« les personnes qui prient si bien pour moi l'en-
« tendent, mais comme l'entend Notre-Seigneur
« Jésus-Christ et ma bonne Mère, la Sainte-Vierge.

« Oh ! quel bonheur, ma chère mère, dans peu « de jours, je serai là-haut ! je verrai Dieu dans « toute sa gloire, je l'aimerai sans que rien puisse « interrompre cet exercice continuel d'amour. Je « vous en prie, réjouissez-vous donc du bonheur « de votre chère Sylvie. Si dans l'exil, malgré mon « indifférence apparente, j'ai conservé pour vous « une affection plus que filiale, que ne ferai-je pas « dans la Patrie, auprès de celui qui a fait tout mon « bonheur sur la terre ? J'obtiendrai tout ce que je « voudrai.

« D'après le genre de ma maladie, je puis vivre « encore plusieurs mois, comme aussi, je puis mou- « rir dans peu de jours ; tout cela, à la volonté de « Dieu.

« Le médecin me donne de vie pour encore bien « longtemps, et même, espoir de guérison ; pour ma « part, je crois qu'il se trompe. Nous verrons qui « aura raison.

« Pour vous ma bien chère mère, nulle inquiétude « à mon sujet. Si j'étais sur les marches du trône, « les soins ne me seraient pas prodigués avec autant « d'affection et d'amour qu'ils me le sont ici ; rien « ne me manque, j'ai tout ce que je puis désirer « et puis mourir fidèle compagne de Jésus. N'est-ce « pas là le complément de tout ? Lorsque le moment « du départ sera arrivé, nos Mères auront la bonté « de vous en informer. Attendons avec impatience « le moment tant désiré.

« Quant à Prosper, s'il doit se marier, que ma « mort ne retarde pas d'une minute son mariage, « je serais bien fâchée s'il en était autrement, si « toutefois on peut se fâcher dans le Ciel. Qu'il « s'amuse bien et se réjouisse dans le Seigneur.

« Mon oncle d'Estables dans sa dernière lettre « semblait m'accuser de rigorisme et de m'être ren- « due malade par ma faute. Je puis bien l'assurer « que non, car mes Supérieures sont trop pruden- « tes pour ne jamais permettre quoi que ce soit « qui puisse compromettre la santé et je me crois « assez obéissante pour ne jamais rien faire sans

« leur ordre. Donc, si j'étais à recommencer, j'en « ferais bien davantage si je le pouvais.

« Vous savez sans doute que Louise est au Novi- « ciat. La Mère supérieure de Sainte-Anne est venue « ici, et m'a dit que la nouvelle postulante se por- « tait bien et qu'elle était très heureuse. Ma Révé- « rende Mère dans sa visite dernière m'a parlé « d'elle comme d'une petite sainte. J'aurais voulu, « m'a-t-elle dit, la laisser encore au pensionnat, « mais elle m'a demandé avec tant d'instance, et « en même temps avec tant d'humilité que je n'ai « pu lui refuser. Il faut qu'elle soit bien bonne pour « que notre mère en parle ainsi. Que le bon Dieu « la conserve toujours ainsi dans ses sentiments.

« Je n'ai pas l'adresse de Marie, mais Prosper « aura bien la bonté de lui faire part de ma mort, « pour qu'elle prie un peu pour moi et qu'elle fasse « prier aussi ses chers petits Chinois.

« Pour vous, ma bien chère mère, faites faire tout « ce qui peut vous fatiguer tant soit peu. Il est « temps que vous vous fassiez servir; vous avez « bien assez fait pour nous.

« J'espère que la nouvelle épouse de mon frère « remplacera vos trois filles, je le demande de tout « mon cœur au bon Dieu. Probablement que je ne « serai pas en état de vous écrire au premier de « l'an, si je suis encore sur la terre, par conséquent, « je vous offre aujourd'hui, ainsi qu'à tout le monde « mes vœux les plus sincères et les plus ardents.

« Maintenant, que vous dirai-je encore, si non de « remercier tous ensemble le bon Dieu de vous « avoir donné des enfants tels que les vôtre. Oh! « que vous êtes heureuse!.....

« Je n'écris pas à mon frère, mais qu'il sache « que je l'aime plus que moi-même et que Notre- « Seigneur l'aime aussi parce qu'il est bon. Qu'il « continue à être sage et pieux.

« Adieu, ma bien chère et si chère mère, je vous « embrasse de tout mon cœur, en vous priant de « me donner votre bénédiction afin que je puisse « franchir avec plus de joie, le passage de l'Eternité.

« Prions toujours beaucoup pour le repos de l'âme « de notre pauvre père. J'aime à croire qu'il jouit « déjà de la claire vision de Dieu, mais les prières « ne seront pas perdues.

« MÈRE PHILOMÈNE DUMAS, F. C. DE J. »

Comme cette âme si timorée, si pure et si candide, ne voulait pas quitter la vie avec la moindre peine sur sa conscience elle recueillit encore ses forces et le 29, elle écrivit à son oncle de Canet pour lui faire ses excuses de ce qu'elle ne lui avait pas donné de ses nouvelles, pour le remercier de la visite qu'il lui avait faite à Paris: Voici la lettre :

« MON BIEN CHER ONCLE,

« Me trouvant sur le point de faire un grand voyage, « je ne veux pas partir avant d'avoir reçu pleine « et entière rémission de ma négligence à votre « égard. Je ne vais pas en Australie..... Mon Oncle « d'Estables dans la si bonne lettre qu'il m'a en- « voyée m'a dit que vous étiez un peu fâché contre « moi ; avec raison sans doute. Certainement, j'ai « eu grand tort de ne pas répondre à votre dernière « lettre, mais c'est à moi seule qu'il faut imputer « toute la faute. En effet, comme m'a dit Notre Très « Révérende Mère générale: vous devez être un peu « plus reconnaissante envers un oncle qui vous a « fait tant de bien.

« Maintenant, que faire pour vous remercier de « tout ce que vous avez fait pour moi ? Sans vous, « je n'aurais peut-être jamais connu cette chère « Société où l'on y vit si heureuses et où l'on meurt « plus heureuses encore. Quel bonheur, n'est-ce pas « de mourir fidèles compagnes de Jésus ! Que peut- « on craindre partout avec un si beau titre ?

« Depuis la derniere lettre que j'ai écrite, mes for- « ces sont toujours allées en déclinant, en sorte que « j'espère que dans peu de jours, je quitterai l'exil « pour aller jouir dans la Patrie de la béatitude

« éternelle. Cependant, je puis vivre encore quelque « temps, comme je puis mourir bientôt. Le plus « tôt ne sera que le mieux. Que la volonté de Dieu « s'accomplisse toujours en moi, c'est tout ce que je « désire. Si je vous ai toujours dit que j'étais heu- « reuse, c'est maintenant que je voudrais que tout « le monde comprenne mon bonheur; Trois fois par « semaine, Notre-Seigneur quitte son tabernacle pour « venir se donner à moi. L'autre soir, j'ai reçu le « sacrement de l'Extrême-Onction. Ne suis-je pas la « plus heureuse des malades. Quant au corps, rien ne « me manque, vraiment, j'ai bien le centuple, même « en cette vie, promis à ceux qui ont tout quitté.

« Je n'écris pas à mon oncle aujourd'hui, si plus « tard je puis, je le ferai, veuillez le remercier pour « moi de sa bonne lettre et en même temps lui dire « que je n'ai nullement rien fait pour nuire à ma « santé et que si j'étais à recommencer, j'en ferais « d'avantage si je le pouvais.

« Probablement, je ne serai pas en état de vous « écrire le premier de l'an. si je suis encore en ce « monde. Donc, je vous souhaite à tous une bonne et « heureuse année. J'ai écrit à ma mère, j'espère « qu'elle ne se tourmente pas à mon sujet, car mon « sort est digne d'envie. Lorsque vous lui écrirez, « vous lui direz combien je suis heureuse. Je me re- « commande beaucoup à vos prières, je vous rendrai « tout là-haut. Sans doute que Louise vous a écrit « depuis qu'elle est au Noviciat. J'ai eu de ses nou- « velles dernièrement, elle est très bien et très heu- « reuse, elle va me remplacer.

« Pardonnez mon griffonnage, mais je vous écris « de mon lit étant. Bien des choses à ceux qui de- « manderont de mes nouvelles, je n'oublie personne.

« Veuillez agréer, mon cher oncle, en me donnant « une dernière bénédiction les sentiments de res- « pect et d'affection d'une nièce qui vous aime beau- « coup. »

Sœur-Philomène Dumas F. C. de J.

Gentilly, 29 novembre 1880.

Cette lettre est datée du 29 novembre, et Mère Philomène rendit son âme à Dieu le 16 décembre. Nous n'en disons pas davantage sur cette mort précieuse devant insérer à la fin de cette notice une copie du *Journal annuel de la Communauté* donnant les plus amples détails sur sa conduite édifiante pendant sa maladie et à l'heure de sa mort.

VERTUS RELIGIEUSES

DE

MÈRE PHILOMÈNE DUMAS

Fidèle Compagne de Jésus.

1° — SOUMISSION A LA VOLONTÉ DE DIEU.

Obéissance.

« Me voici ! Je viens pour faire votre volonté ! »

Telles sont les paroles qu'a prononcées en entrant en religion Sylvie Dumas ; ces paroles, elle les a répétées le jour de sa profession, et, dès ce moment, victime volontaire, elle a immolé sans aucune réserve, sa volonté à la volonté de Dieu, dont elle devenait la fidèle compagne. Dans les grands comme dans les petits évènements, son âme résignée voyait toujours le bon plaisir de Dieu, et les sacrifices les plus coûteux à la nature n'arrêtaient pas ce cœur généreux quand il s'agissait d'accomplir la volonté de son Divin Maître. Elle sacrifiait les désirs de son cœur à cette volonté divine, le zèle dont elle était embrasée pour le salut des âmes, lui faisait ardemment désirer les missions. Nous l'avons vue manifester ce désir avant même qu'elle connaisse sa vocation, et plus tard, quand elle fut religieuse, à une époque où il était question de la fondation d'un établissement des Fidèles Compagnes de Jésus à Melbourne (Australie).

« Eh bien ! disait-elle un jour à une de ses compa-

« gnes, si j'étais aux portes de l'Australie et que l'o-
« béissance me rappelât en France, je serais aussi
« contente que d'y rester, car si je désire les mis-
« sions, c'est pour accomplir la volonté de Dieu; or,
« cette volonté m'est clairement montrée par l'or-
« gane de ma Très Révérende Mère ».

La dernière année de sa vie, elle brûlait du désir de mourir. Interrogée un jour par une personne qui lui disait : « Si Dieu vous donnait le choix entre la « vie et la mort, quel parti prendriez-vous? » « Oh ! « la volonté de Dieu, répliqua-t-elle, sans doute, je « désire bien la mort, mais je ne veux que ce que « veut mon cher époux, et pour la vie et pour la « mort, je me soumets à sa sainte volonté ».

Où peu-on trouver une soumission plus parfaite que dans l'admirable lettre que mère Philomène écrivait à ses parents la veille de sa mort, et ne résume-t-elle pas tous les sentiments de cette âme si belle?

Dans une de ses constitutions, Saint Ignace dit : « La religieuse doit être comme un corps mort qui « se laisse porter où l'on veut, ou bien, comme le « bâton d'un vieillard qui ne fait pas de résistance, « quelque endroit qu'on le mette. »

L'obéissance de mère Philomène était aussi parfaite que le demandait le saint fondateur des Jésuites; le mauvais état de sa santé ayant obligé ses supérieures à la changer très souvent de maison et d'emploi, elle se prêtait toujours avec une grande soumission à tout ce qu'on demandait d'elle. Regardant dans celles qui la dirigeaient la personne de Dieu même. Non-seulement elle écoutait leurs avis, leurs conseils, mais encore, pour rendre son obéissance plus parfaite, elle entrait dans leurs vues, leurs sentiments, leurs opinions, et il suffisait que sa supérieure approuvât ou condamnât quelque chose pour qu'elle en fit usage ou non. « Je ne pratique pas telle dévotion. disait-elle un jour, parce que ma Mère, la supérieure de Paris, ne le fait pas. » Elle obéissait avec joie et il suffisait qu'on lui commandât quelque chose pour qu'aussitôt elle exprimât sur sa physionomie le plaisir qu'elle éprouvait d'obéir. Était-elle occupée à un emploi, et la cloche de la communauté l'appelait-elle, qu'aussitôt, elle laissait l'ouvrage commencé ; n'y avait-il qu'un mot à écrire, qu'un point à faire, elle l'abandonnait et se serait fait un scrupule de l'achever. Rigide pour elle-même, elle aurait peut-être poussé trop loin la sévérité, mais une fois que ses supérieures avaient parlé, elle mettait de côté ses mortifications et ses austérités. « Il faut que je me soigne, que je ne « m'occupe pas trop, c'est l'intention de notre Mère. » Détachée du monde et de ses parents, elle aurait brisé toute relation avec eux, si l'obéissance ne lui eût commandé de leur écrire.

En récompense de sa vertu, le bon Maître lui faisait comprendre le bonheur attaché à l'obéissance : « Qu'on est heureux de n'avoir qu'à obéir, disait- « elle, n'est-ce pas là la meilleure chose du monde, « et quelqu'un n'avait-il pas raison de dire qu'obéir, « c'est régner ! »

2° — HUMILITÉ, PAUVRETÉ.

Nous pouvons dire que l'humilité était une des vertus caractéristiques de mère Philomène, une humilité vraie et sincère, qui, tout en lui faisant connaître son néant, la portait vers Dieu avec plus d'abandon et de confiance. « Je ne puis rien, mais je « puis tout en celui qui me fortifie. » (Paroles prononcées par le grand apôtre saint Paul). Elle les répétait souvent, elle s'y complaisait et aimait à les reproduire sous divers sens. « Dieu choisit souvent « les instruments les plus faibles pour mieux faire « voir sa puissance dans l'exécution de ses des- « seins », écrivait-elle un jour. Elle ne pouvait comprendre comment Dieu l'avait favorisée de toutes ses grâces, après toutes ses ingratitudes et ses infidélités. Elle attribuait aux prières qu'on faisait pour elle, tout ce qu'elle avait de bien. « Je ne sais pas « qui prie si bien pour moi, pour que je sois si « heureuse », écrivait-elle. Mais pour mieux comprendre l'humilité de son cœur, qu'on nous permette de citer ces quelques mots écrits à sa plus jeune sœur, lorsqu'elle venait d'entrer au Noviciat : « Pauvre enfant, j'avais peur qu'à cause de moi, « l'entrée de la société te fut interdite. J'avais prié le « Seigneur de m'anéantir s'il devait en être ainsi. « Je serais inconsolable, si je savais que mes mau- « vais exemples dussent être un obstacle à ta per- « fection. Allons, ma chère sœur, du courage ; par « ta bonne conduite, tu vas dédommager notre Ré- « vérende Mère de toutes mes sottises. Elle a été si « bonne pour moi, et je ne l'ai payée que d'ingra- « titude! »

Non contente de s'humilier elle-même, elle n'aurait voulu être l'objet d'aucune considération.

« Si l'on me connaissait bien, disait-elle, tout le « monde me foulerait aux pieds. »

Sondant son cœur impitoyablement, elle ne se pardonnait aucune imperfection, et elle s'en accusait avec tant de confusion et d'humilité que toutes les sœurs en étaient édifiées. Plus elle cherchait à s'humilier et plus on avait de l'estime pour elle. Les emplois peu élevés, humiliants, avaient un attrait particulier pour mère Philomène, et elle était ravie, lorsque l'obéissance lui en enjoignait quelques-uns.

Née dans une condition médiocre, loin d'en rougir auprès de ses compagnes plus favorisées qu'elle du côté de la naissance et de la fortune, elle s'en faisait une gloire et se plaisait à raconter que dans sa jeunesse elle aidait ses parents dans les travaux de la campagne.

Elle se plaisait dans les maisons de la société où étaient élevées de pauvres orphelines. « Comme on « est bien ici, disait-elle à sa plus jeune sœur, en se « promenant dans le jardin de Gentilly, comme on « y est bien ! N'est-ce pas, que si tu me savais un « jour dans cette maison tu me croirais heureuse ? « Nous sommes trop bien partout, mais au milieu de « ces pauvres enfants, ne doit-on pas éprouver un « surcroît de bonheur? »

Hélas ! c'était bien là, en effet, que moins de dix-huit mois après, cette chère mère devait, au milieu de ses pauvres orphelines, quitter cette misérable terre pour se réunir à son cher époux...

Compagne de l'humilité, la pauvreté était chère à mère Philomène, et, conformément aux règles de son institut, elle l'aimait comme une mère. Après qu'elle eut fait ses vœux, elle ne possédait rien qui lui fut superflu. Les petits objets qu'elle aurait pu garder, sans blesser en rien cette vertu, étaient sacrifiés sans réserve. Elle n'avait ni images ni médailles, sinon celle de son rosaire ; un seul livre de messe, une *Imitation de Jésus-Christ* formaient toute sa bibliothèque particulière, en y joignant son petit cahier, et encore, regardait-elle ces petits objets comme ne lui appartenant pas, mais bien comme étant simplement à son usage. Elle demandait toujours tout ce qu'il y avait de plus vieux, pour ce qui concernait ses habits, et les soignait comme étant à la société qui pouvait les lui demander à chaque instant. Elle ramassait les petits bouts de fil et les utilisait, disant qu'une pauvre de Jésus-Christ ne doit rien laisser périr.

Un petit trait que nous allons raconter achèvera de nous prouver jusqu'à quel point elle poussait sa délicatesse du côté de la pauvreté.

Dans l'année 1879, un de ses oncles, prêtre, étant allé la voir à Paris, lui apporta de l'église Montmartre un petit cœur en argent, qu'il la pria d'accepter en souvenir de lui. Celle-ci remercia et s'excusa; nouvelles instances de la part de l'oncle, nouvelles excuses de la part de la nièce. Cependant, la troisième fois elle le prend, pour ne pas se singulariser, mais, nous dit un témoin oculaire, on aurait cru qu'elle portait dans sa main un charbon ardent, car, aussitôt en dehors du parloir, elle le donne à sa sœur en lui disant : « Tiens prends-le, car je l'ai « pris par complaisance, mais je ne puis le garder. »

Ce trait, tout en nous montrant son esprit de pauvreté, nous fait voir avec quelle délicatesse sœur Philomène savait agir pour ne pas enfreindre ses règles. Inutile d'ajouter qu'en dehors du parloir, elle alla raconter le fait à ses supérieures.

3° — MODESTIE, ESPRIT DE SILENCE.

Les règles de la modestie que saint Ignace a arrosées plusieurs fois de ses larmes en les écrivant, mère Philomène les a observées fidèlement.

Toujours d'une humeur presque égale, sans montrer ni trop de joie, ni trop de tristesse, elle inspirait à ceux qui la voyaient un respect et une vénération qu'on ne pouvait s'empêcher de lui accorder rien qu'en voyant sa tenue.

Dans sa simplicité, elle disait un jour : « Je ne sais « vraiment pas pourquoi on me respecte tant ; je suis « bien comme tout le monde ». Ce dont elle s'étonnait, nous le comprenons facilement ; chez elle, pas un regard de trop, pas un geste, pas une parole qui ne fut mesurée. Sa tenue était irréprochable, et sur son front, on lisait la pureté de son âme.

C'est ici le moment de parler de son esprit d'ordre qui l'a toujours caractérisée. Tout dans sa mise était bien rangé, jamais de taches. Aussi les habits les plus pauvres avaient sur sa personne une apparence qui pouvait les faire regarder comme les plus beaux de la communauté. Elle aimait l'ordre, nous pouvons l'affirmer, et il régnait non-seulement dans son extérieur, mais s'étendait aussi jusqu'a l'intérieur. Nous ne pouvons mieux faire, pour avoir une idée de sa modestie, qu'en lui appliquant ce qu'on demandait d'une religieuse de la Société, dans la première des règles de la constitution : LA MODESTIE ! car la modestie et l'humilité jointes à une gravité religieuse, se sont montrées dans toutes ses actions extérieures, et voilà pourquoi cette âme de modestie et de recueillement inspirait à tous ceux qui l'approchaient un si grand respect. Par là, elle se rendait semblable aux anges, nous nous trompons, elle avait, en outre, de plus que les anges, le mérite de la mortification et la pureté que ceux-ci avaient reçu par nature, tandis que notre chère mère l'avait obtenu après bien des luttes, de combats, et surtout par sa fidélité aux règles de la modestie.

A cette aimable vertu de la modestie mère Philonème joignait l'esprit du silence. Ce n'était pas seulement en ne parlant qu'utilement ou bien en parlant peu, mais il y avait chez elle une certaine manière de garder le silence au milieu du silence même. Elle évitait de faire du bruit en marchant, en ouvrant et fermant, son pupitre etc. Elle ne parlait pas dans les endroits défendus, de plus, elle évitait de laisser tomber des objets qui auraient fait du bruit, et après avoir assujetti tous ses sens à la loi du silence, elle défendait à son esprit de s'occuper de pensées vaines et inutiles, mais pendant le temps de l'ouvrage manuel, elle le tenait toujours élevé vers Dieu. Nous ne doutons pas que ce bon maître ne parlât à son tour à cette âme d'élite pour la récompenser, suivant ces paroles « Plus « vous vous tairez et plus Dieu vous parlera au « cœur. »

4. — MORTIFICATION ET DÉTACHEMENT DE SES PARENTS.

Après tout ce que nous avons dit, on peut conclure que mère Philomène était une âme motifiée; nous allons le voir plus clairement dans ce qui va suivre.

Nous ne savons rien des pénitences extérieures qu'elle pratiquait en particulier ; son humilité nous les a cachées et ses supérieures en ont seules le secret. Nous savons seulement que sa faible santé avait obligé celles qui la dirigeaient à lui refuser plusieurs demandes qu'elle leur avait faites à ce sujet. Mais ceux qui la connaissaient intimément peuvent dire que les dernières années de sa vie furent remplies pour elle de douleurs physiques supportées avec une grande constance et une grande résignation. Elle cachait autant que possible son mal et si la pâleur de son visage ne l'avait trahie, on aurait cru, à l'entendre parler, qu'elle était la fille la plus robuste du monde.

« On me dit malade, disait-elle, pour moi, je n'en sais rien » Le genre de sa maladie ne l'obligeait pas à garder le lit; elle s'occupait avec autant de gaîté et d'entrain que si elle se fut bien portée. Sans l'œil vigilant de sa supérieure, que de fois, ne serait-elle pas allée au-delà de ses forces?

Mais la mortification continuelle en toutes choses qu'elle pratiqua dans toute sa perfection, mérite plus encore notre attention. Nous l'avons déjà dit jamais un mot inutile, pas un regard, un mouvement, un geste de trop, toujours exacte aux exercices de la communauté, aucune pensée inutile, etc., etc. Tout cela ne demande-t-il pas un cœur mortifié et la mort qu'on se donne à coup dépingles n'est-elle pas aussi cruelle que celle que l'on se donnerait à coup de poignards?

« Ma pénitence, c'est la vie commune » avait dit Berchmans. Telle a été la mère Philomène. Chez elle, rien d'extraordinaire; tout est commun, mais c'est la perfection avec laquelle elle a fait les choses les plus ordinaires qui lui a acquis tout son mérite.

Nature aimante, cœur sensible, notre chère mère aimait ses parents autant qu'un enfant bien né est capable de le faire et pourtant combien de fois n'a-t-elle pas été accusée de froideur et d'indifférence envers eux? Elle les aimait de cet amour de sacrifice qui plaît tant à Notre-Seigneur Jésus-Christ. En Dieu elle plaçait ses affections les plus légitimes et elle les spiritualisait, plus elle semblait oublier ses parents et plus son cœur était près d'eux par ses prières. Sans doute des âmes plus parfaites peut-être que notre bonne mère n'ont pas porté si loin le détachement des parents qu'elle même, mais Dieu ne demande pas de tous ses élus la même chose, et si le souffle de la grâce a passé sur son cœur, peut-on lui faire un crime d'y avoir été docile? D'ailleurs n'est-il pas juste que le cœur soit au Créateur plutôt qu'à la créature.? Vous ne pouvez servir deux maîtres à la fois a dit Notre Seigneur, et mère Philomène a choisi Jésus-Christ pour le sien afin d'être fidèle à cette maxime.

Ame généreuse, elle a taché de rendre son sacrifice aussi parfait qu'elle l'a pu. Une fois qu'elle a quitté le monde, elle voudrait ne plus y retourner par la pensée, et elle ne se soumet à le faire que par obéissance, si de loin en loin, elle donne quelqu'une de ses nouvelles. Briser toute relation avec ses parents, ne plus leur écrire pendant tout le cours de sa vie, c'est ce qu'elle aurait fait selon ses désirs comme elle l'a fait pour sa sœur Marie, religieuse en Chine d'après le serment qu'elles avaient formé entre elles ; mais, aussi parfaite dans son obéissance que dans son détachement, elle écrit quand ses supérieures le lui ordonnent.

Pour ce qui est des lettres qu'on lui écrivait, elles les lisait à la hâte une seule fois seulement bien longtemps après les avoir reçues et les brûlait ensuite.

Voici un fragment de lettre dans laquelle, elle répond d'une manière ferme et énergique aux plaintes que son frère lui adressait sur son silence. « Pourquoi toutes ces plaintes et ces lamen-
« tations à mon sujet? si j'étais malheureuse ou
« malade, vous le sauriez tous ; et quand je serai
« morte, vous le saurez aussi ; Si je ne vous écris
« pas, ce n'est pas que je vous ai oubliés. Par la
« miséricorde de Dieu, cela n'arrivera jamais, mais
« telle est la volonté de Dieu, soumettons-nous y
« donc de bon cœur si j'étais morte, vous n'auriez
« pas de mes nouvelles ; désormais, vous devez
« me regarder comme telle. D'ailleurs, vous gagne-
« rez à mon silence, etc. etc. »

Ses parents ont en effet gagné par son silence plus que s'ils avaient eu avec elle une correspondance suivie. Sans parler du sacrifice qu'ils ont offert à Dieu et qui leur sera bien méritoire, son exemple leur a été à tous un grand stimulant, et ils ont appris à ne chercher que Dieu en toutes choses.

Lorsque la sœur de mère Philomène la vit en passant par Paris et qu'elle lui parla de ses parents, amis et connaissances, enfin, de tous ceux qu'elle avait quittés, par convenance, celle-ci l'écoutait mais on voyait que son cœur souffrait, et il lui semblait que le temps passé à de pareils entretiens, était un temps perdu ou un vol fait à son holocauste.

Tel a été le détachement de cette chère sœur. Il a été tel que doit être celui de toute bonne religieuse; il a été tel que celui de toutes ces âmes généreuses et de grand mérite qui prennent le nom de Fidèles Compagnes de Jésus.

AMOUR DE DIEU. — ZÈLE POUR LE SALUT DES AMES.

Le cœur étant fait pour aimer, et mère Philomène ayant renoncé à tout autre amour, il était nécessaire qu'elle reportât vers Dieu toutes ses affections, et son cœur, embrasé du feu sacré de l'amour divin, ne devait respirer et vivre que pour lui.

Nous en avons des preuves évidentes dans tout ce que nous avons dit jusqu'ici. Oui, notre chère mère aimait son Dieu, mais d'un amour agissant qui, ne pouvant se contenir dans son âme, avait besoin de s'épancher au dehors. Dans toutes ses conversations, elle ne peut se lasser de parler de lui.

A l'instar de Madeleine, elle ne le nomme pas, mais, pensant que toutes les créatures savent quel est l'objet de son amour, elle s'exprime d'une manière qui montre que son cœur est tout rempli de Jésus. « Qu'il est bon ! que son joug est aima-« ble ! il m'a introduit dans sa maison, et là, son « amour me comble de bienfaits. Il a tant aimé « notre pauvre famille ! Quelle reconnaisance ne « lui devons-nous pas ! Oh, quand serai-je près « de mon Jésus, afin de lui témoigner tout mon « amour. »

Telles sont les paroles et autres semblables, qui à tout instant sortaient de sa bouche.

Mais elle avait sans cesse sur les lèvres une expression favorite qu'elle ne se lassait jamais de prononcer en parlant de Dieu. « Oh le bon maître ! » Ces mots, que de fois elle les a répétés !

Elle les prononçait continuellement, mais avec

tant de feu, que les personnes qui l'entendaient en étaient toutes pénétrées. Mon bon maître! Et on voyait en même temps que cet accent partait d'un cœur tout imbibé d'amour et de reconnaissance pour son Dieu.

Un jour, elle répétait ces paroles si souvent, qu'une personne présente ne put s'empêcher de lui en témoigner un respectueux étonnement. Ils sont si beaux ces mots! Puis, notre bien-aimée Mère fondatrice les disait si fréquemment; moi, son indigne fille, je puis bien les répéter après elle. C'est surtout en s'approchant de la table sainte que cette chère Mère faisait paraître son amour. Toujours dévorée par la faim et la soif de son Dieu, elle tressaillait de joie aux approches de la sainte communion.

Ah! qui pourrait dépeindre son bonheur? Les anges seuls, témoins des impressions de son cœur pourraient nous dire les douces protestations d'amour, de reconnaissance et de fidélité qu'elle offrait à son Dieu quand elle le possédait dans son âme. Elle se préparait à cette action si sainte par des actes fervents, et avait la coutume d'offrir à son bon maître, quelques petits sacrifices en reconnaissance de sa visite si précieuse.

Sa joie était extrême lorsque quelque fête lui faisait gagner quelque communion. Sans doute, si la règle le lui eût permis, elle se serait approchée tous les jours de la table sainte; du moins le faisait-elle spirituellement, non-seulement pendant la sainte messe, mais encore plusieurs fois pendant le jour.

Non contente d'offrir tous les matins toutes ses actions à son Dieu, mère Philomène renouvellait souvent pendant le jour cette offrande qui lui était si chère. Toute unie à Jésus, toute avec Jésus, toute pour Jésus semblable à l'épouse des cantiques, elle marchait appuyée sur son bien-aimé, c'est-à-dire que, se défiant entièrement d'elle-même, elle mettait toute sa confiance en son cher époux qu'elle prenait pour guide dans toutes ses actions.

« L'époux et l'épouse ne feront qu'un » est-il écrit dans les Saintes Écritures, et mère Philomène, selon ces paroles, ne faisait qu'un avec son Dieu, se réjouissait avec lui, se consolait avec lui des outrages continuels qu'il reçoit dans le Saint Sacrement de son amour, ou bien dans la personne de son vicaire.

Elle aurait voulu parcourir le monde entier pour gagner toutes les âmes à Dieu. « Oh! que je serais « heureuse, si je pouvais aller dans les missions? « Quel bonheur n'est-ce pas? Oh! prie bien pour « savoir si c'est la volonté de Dieu que j'y aille. » Disait-elle à sa sœur Louise.

Pendant le mois de juin 1879, elle avait composé elle-même une prière au Sacré-Cœur. Tout en s'offrant à lui pour accomplir sa volonté, elle priait et conjurait ce divin maître de l'accepter pour une mission en Australie.

« Oui, je vous ferai aimer de ceux qui ne vous ai- « ment pas. »

Elle écrivit plusieurs fois à sa supérieure à ce sujet.

Sa sœur Marie, en religion sœur Julitte étant partie pour la Cochinchine, voici ce que mère Philomène écrivait à ses parents.

« Je suis vraiment jalouse. Plus jeune que moi, « ma Sœur Marie a fait ses vœux avant moi: elle est partie pour les missions avant moi, et elle est bien capable d'aller au ciel la première; mais, si cela était, je me facherais tellement avec notre Seigneur Jésus-Christ qu'il serait bien forcé de me prendre.

Ne pouvant donner un libre essor à son zèle, elle a du moins, dans les emplois où l'obéissance l'avait placée, taché de faire aimer la vertu. Elle s'est faite toute à toutes, pour gagner les enfants à Notre Seigneur Jésus-Christ. Tout en se faisant respecter elle savait aussi se faire aimer, et les enfants auxquels rien n'échappe, ont été très édifiés du dévoùment avec lequel mère Philomène les a soignés.

Voyant dans toutes, les enfants de Dieu, elle était loin d'avoir aucune préférence pour l'une d'entre-elles, mais elle les aimait toutes également pour Dieu, en Dieu.

Dans une de ses résolutions nous lisons.

« Je n'aurai pas d'amitié particulière pour les « enfants. Cependant, j'aurai dans mon cœur, sans « en faire rien paraitre, une préférence pour celles « qui seront disgraciées du côté de la nature. »

C'est surtout par la prière que mère Philomène a travaillé au salut des âmes, et au jour solennel, où tout sera découvert nous verrons le fruit de cette prière faite aujourd'hui dans les sentiments de la plus profonde humilité, et le plus souvent inconnue aux hommes, mais qui n'en est pas moins recueillie par les anges pour être portée au trône de Dieu.

Après Jésus, le principal objet de son amour était la Sainte-Vierge. Son seul souvenir suffisait pour l'enflammer. .

Je ne serais pas religieuse, écrivait-elle, si cette bonne Mère ne m'avait prise par la main et ne m'avait conduite dans cet heureux asile où se goûte une si grande paix, paix inconnue aux hommes, mais connue seulement des âmes qui se sont données à Notre Seigneur Jésus-Christ.

Esclave de ses devoirs religieux, elle n'omettait jamais son rosaire et le nom de Jésus, uni à celui de Marie étaient les premiers que le matin, elle pressait sur ses lèvres, comme les derniers que sa langue prononçait le soir.

Elle avait aussi une grande prédilection pour les saints anges ; sa confiance envers son ange gardien, était sans bornes, elle se plaisait à se mettre souvent sous la protection de celui qui lui avait été donné pour être son tuteur et son guide.

Les saints qu'elle honorait le plus étaient : Saint-Louis-de-Gonzague, dont elle se plaisait à imiter la pureté, Saint-Stanislas et le bienheureux Berchmans, ce dernier surtout, parce que, disait-elle, il s'était sanctifié en faisant bien ses actions ordinaires : Elle était aussi très dévouée à Sainte-Philomène sa patronne.

Après Saint-Joseph, époux de Marie, mère Philomène aimait particulièrement la bonne Mère Sainte-Anne ; ayant eu le bonheur de passer longtemps dans un pays qui lui est spécialement consacré, et avoir fait son noviciat sous l'égide de cette Mère de la reine du ciel, notre chère sœur ne pouvait se lasser de parler de cette bonne sainte et surtout de l'invoquer en toutes circonstances.

AMOUR DE SES SUPÉRIEURES, DE LA SOCIÉTÉ DE SES SŒURS.

L'état religieux est une nouvelle famille, et comme celle-ci est plus parfaite que celle à laquelle on a renoncé, il s'en suit que les personnes qui en deviennent les membres doivent être animées d'un plus grand amour les uns envers les autres et surtout, avoir une plus grande déférence pour les supérieurs ; c'est ce qu'a accompli à la lettre, Mère Philomène. « Une mère, écrivait-elle ne pourrait « avoir plus de tendresse pour ses enfants que notre « Très Révérende Mère en a pour nous. »

Et qui peut dire combien furent vifs et profonds les sentiments d'amour et de reconnaissance qu'elle voua à son tour, à celle qui devait la guider dans les voies de la perfection. Elle considérait en la personne de cette dernière et en celle de toutes ses supérieures, la personne même de Jésus-Christ. De là naissait cet amour sincère et ardent qu'elle leur témoignait.

Le moindre désir de sa Révérende Mère était pour elle un ordre et elle aurait fait tout au monde pour lui plaire. Sa joie devenait très sensible lorsque, éloignée de sa douce présence, elle apprenait que dans quelques jours, il lui serait donné de la voir. « Quel bonheur ! s'écriait-elle, nous allons revoir « notre Mère ! »

De cet amour naissait une reconnaissance qui lui faisait apprécier les plus petites choses ; elle croyait n'avoir jamais assez remercié le Seigneur de lui avoir donné une telle Mère et de si bonnes supérieures qu'elle aimait sans aucune attache particulière, ne mettant aucune borne à son amour et à sa confiance.

Cette confiance, elle la témoignait d'abord à sa Supérieure générale pour qui elle n'avait rien de caché, et ensuite à chacune de celles que le ciel lui avait données pour la diriger. « Oh ! qu'il est doux « d'avoir une mère au sein de laquelle on puisse « épancher son cœur ! »

Nous devons être transparents avec nos supérieurs comme du cristal avec dit Berchmans, et fidèle à cette maxime, mère Philomène est parvenue à ce haut degré de perfection où nous la contemplons aujourd'hui.

Non contente d'aimer ses supérieures, elle aimait aussi ses sœurs douce ; affable, prévenante, polie, elle se serait mise aux pieds de toutes pour leur faire plaisir. Jamais elle n'exprimait aucune contrariété, mais toujours on la voyait prête à rendre service.

Regardant toutes ses compagnes au-dessus d'elle, elle se croyait la plus imparfaite, la plus misérable de toutes ; de là jamais aucun soupçon ni aucun jugement qui leur fut défavorable. En un mot, elle aimait ses sœurs, ses règles, ses supérieures, sa vocation, elle aimait la société.

N'étant encore qu'élève à Nantes, elle écrivait, au retour d'un court voyage : « Nous rentrâmes le « soir chez nos mères, et il me fut bien doux de « les revoir après cette courte absence, ces bonnes « mères. J'espère ne jamais les quitter, car ce serait « là assurément, le plus pénible des sacrifices. »

Elle ne pouvait se lasser de remercier le bon Maître, de lui avoir donné la vocation religieuse, et surtout celle des Fidèles Compagnes de Jésus. Dans toutes ses lettres, elle ne peut cesser d'exprimer son bonheur. « Je ne changerais pas mon « sort contre un empire, disait-elle une fois, que « les rois de la terre avec leurs sceptres et leurs

« couronnes viennent me dire : nous sommes plus « heureux que toi. Je n'hésiterai pas à leur dire : « Non ! (fragment d'une lettre.)

Oui, elle se croyait heureuse, et elle l'était, en effet ; elle avait sans doute ses peines, mais, elle les considérait toutes comme venant de la part de Dieu et goûtait une sorte de joie à les supporter. L'amour dont elle était embrasée lui rendait toutes choses agréables, de sorte que, fidèle observatrice de ses règles, elle anticipait ici-bas sur le bonheur des élus.

DÉSIR DE MOURIR.

« Hélas ! pourquoi mon exil s'est-il prolongé ! » s'écriait le prophète David.

Ces paroles, combien de fois, notre chère Mère ne les a-t-elle pas prononcées !

Depuis le jour qu'elle a fait ses vœux jusqu'à sa mort, elle est dans une attente continuelle de son Dieu. Les deux dernières années de sa vie, elle est dans une sainte impatience de le voir. Ce ne sont ni les peines, ni les persécutions qui lui font désirer la mort, mais uniquement le désir de voir son bien-aimé. Toutes ses aspirations tendent vers le ciel : Voir Dieu, ne plus l'offenser ; voilà son rêve.

La vie lui est à charge, et, comme le grand apôtre, elle demande la dissolution de son corps pour être unie à Jésus-Christ.

« Je ne comprends pas, disait-elle un jour, que « les hommes puissent tenir à la vie. »

Sa joie est extrême quand elle voit la faiblesse de son corps, pensant que c'est un signe de sa mort prochaine.

Quelque temps avant sa dernière heure, alors même que rien n'annonçait que son arrivée était proche, elle avait dit : « Je mourrai jeune et dans « quelque temps, je ne serai plus de ce monde. »

Aussi, lorsque le moment suprême arrive, elle ne contient plus sa joie, voulant que tous se réjouissent avec elle, en écrivant une lettre admirable à sa mère dans laquelle se trouvent tous les sentiments d'une âme consommée dans la perfection.

Étant à Nice, et se trouvant fatiguée, elle fut obligée de s'aliter. Croyant qu'elle allait mourir, elle se réjouissait d'avance, lorsque le médecin arrivant, déclara que la maladie n'avait rien d'alarmant, et que dans quelques jours, elle serait hors de danger. A peine celui-ci a-t-il franchi le seuil de la porte, que mère Philomène se mit à fondre en larmes. Interrogée par une mère sur le sujet de sa douleur, elle répondit : « Ah ! ma mère, quel bonheur c'eût été de mourir et voilà que je dois encore vivre ! »

Elle racontait ce fait à sa sœur, et comme celle-ci semblait s'étonner de ce procédé; elle lui dit : « Ah ! « tu ne désires pas de mourir toi, pour moi, je dois « t'avouer que la plus grande nouvelle qu'on puisse « m'annoncer sera celle d'une mort prochaine Lors- « que tu l'apprendras, ne pleure pas, car je me fâ- « cherais, si toutefois on peut se fâcher au ciel; « mais au contraire, bénis le Seigneur de ce qu'il « aura exaucé mes désirs. Oh ! je te le demande, « n'est-ce pas le plus grand bien de mourir pour « voir son Dieu. »

Comme sa sœur répliquait, que c'est toujours pénible de mourir, car on ne sait pas si on est digne d'amour ou de haine; elle répondit : « Ah ! sans « doute, il est vrai que les jugements de Dieu sont « impénétrables, mais j'ai confiance et grande con- « fiance, car, quoique j'aie été bien méchante, bien « indigne, après avoir commis tant de fautes, je « m'en suis repentie, et ce qui augmente ma con- « fiance, c'est que je n'ai jamais eu d'autres vices « que l'accomplissement de la volonté de Dieu !....

Puissions-nous tous, à notre heure dernière, dire comme notre chère mère; mon Dieu, je n'ai désiré que votre sainte volonté. — Telle a été cette vie si belle, si sainte et si parfaite que nous venons d'écrire. Nous nous sommes servis des documents les plus authentiques; nous avons eu recours aux renseignements des personnes qui l'ont connue dans le monde ou qui l'ont dirigée; compulsé les lettres qu'elle a écrites à sa famille dont nous avons interrogé tous les membres; et enfin consulté ses Supérieures en religion, témoins de ses vertus pendant tout le temps qu'elle a vécu dans leur société.

Une vie si sainte ne pouvait que mériter une mort plus sainte encore, et c'est ce que nous allons voir par une copie du *Journal Annuel de la Communauté des Fidèles Compagnes de Jésus* que la Très-Révérende Mère générale a bien voulu nous communiquer.

Nous allons donc transcrire mot à mot, et dans toute sa simplicité, tous les détails des derniers jours de notre chère sœur et de sa mort édifiante.

COPIE

DU JOURNAL ANNUEL DE LA

COMMUNAUTÉ DES FIDÈLES COMPAGNES DE JÉSUS,

donnant les détails les plus précis sur la mort

de Mère Philomène Dumas.

Le 16 décembre 1880, partait pour le ciel, à l'âge de 28 ans, notre chère mère Philomène Dumas.

Dans sa tendre sollicitude pour chacune de nous notre Très Révérende Mère générale, nous l'avait envoyée à Gentilly, espérant qu'un changement d'air lui serait favorable. Très malade déjà depuis le mois de juillet et presque condamnée par les médecins, cette chère sœur, elle surtout était persuadée qu'elle ne guérirait pas. Résignée à vivre par soumission aux désirs de ses supérieures, elle ne pouvait cacher son grand désir d'aller au ciel, son détachement de la vie et son profond mépris pour les choses d'ici-bas. Comme on l'invitait à s'unir à une neuvaine qu'on allait commencer pour obtenir sa guérison. « Priez, disait-elle, priez, mais vos prières « auront un tout autre effet que celui que vous « attendez; notre Révérende Mère fondatrice sait « mieux que vous, ce qui convient à chacune de « nous ».

Cependant, l'air de la campagne et le beau temps que nous eûmes pendant plusieurs semaines, parurent d'abord lui faire du bien; elle reprit un peu de couleur et de force, mais cette amélioration ne fut que passagère. Elle en profita du moins pour suivre de plus en plus, les exercices de la communauté, et fut alors pour nous, un sujet de grande édification par son exactitude, son oubli d'elle-même son air, toujours serein et affable. Pendant la récréation, se montrant aimable et gaie, ne se plaignant pas, travaillant toujours, mêlant à la récréation un mot aimable et édifiant, et cependant, se tenant toujours petite et humble. On voyait qu'il n'y avait pas la moindre recherche d'elle-même. En tout temps, elle évitait avec un grand soin de donner de la peine, se trouvant bien partout, travaillant ou priant, toujours silencieuse et recueillie. Elle recevait avec une reconnaissance et une politesse extrêmes les petits services qu'à l'occasion, chacune s'empressait de lui rendre.

Malgré son état de faiblesse, jusqu'au 3 novembre, elle se rendit à la messe trois fois par semaine et ne manqua pas une de ses communions. Le 2 décembre, pour la dernière fois, elle fit sa visite à notre tombe vénérée (tombe de la Révérende Mère fondatrice). Elle en revint très péniblement et rentra à l'infirmerie qu'elle ne devait presque plus quitter.

Le lendemain, premier du mois, elle alla encore à la messe et y communia; elle passa devant le Saint-Sacrement exposé presque tout l'après-midi de ce jour.

Le dimanche suivant, elle voulut se lever pour la messe, mais les forces lui firent défaut et on dut l'aider à se remettre au lit. Elle ne pouvait plus aller à Notre-Seigneur, ce fut ce bon maître qui vint à elle. Trois fois par semaine, elle le reçut dans la sainte communion.

Jusqu'alors, silencieuse et résignée, elle prenait en esprit d'obéissance tout ce qui lui était donné pour la fortifier, et s'il se pouvait, la guérir.

Enfin, elle demanda qu'on voulut bien lui dire si vraiment on croyait qu'elle dut encore se rétablir ou si elle pouvait s'abandonner à la douce pensée de mourir bientôt. Quand on lui eut dit que, pour elle, il n'y avait plus d'espoir humain de guérison, que cette maladie devait la conduire au ciel, elle en pleura de bonheur et n'exprima qu'un regret, celui qu'on ne lui eût pas donné cette bonne nouvelle.

A partir de ce jour, elle redoubla, si possible était de mortification, de patience, de recueillement. Sa prière devint de plus en plus continuelle. Elle suppliait les larmes aux yeux de ne pas se donner tant de peine pour elle. Elle trouvait tout trop bien préparé, trop bon, tout trop cher; il ne fallait pas faire de feu pour elle toute seule. Cela n'en valait pas la peine.

C'était une grande édification pour la sœur chargée de la soigner, que cet esprit de pauvreté, d'obéissance qu'elle manifestait en tout et à tout heure, que ce respect qu'elle montrait pour ses supérieures en toute circonstance, que cette exactitude, avec laquelle elle voulait faire toutes choses.

Vous avez été seule un peu aujourd'hui, lui disait-on un jour? « Oh ma mère, répondit-elle, je ne trouve pas le temps long. Je fais ma méditation un peu plus longue, parce qu'il me faut un peu plus de temps pour recueillir mes idées. Puis mon Rosaire!..... Le temps passe bien vite, je ne m'ennuie jamais.

En effet, n'importe à quelle heure du jour, on trouvait notre chère malade, toujours d'humeur égale, la figure sereine, ne proférant jamais aucune plainte.

« N'est-ce pas, avait-elle dit, vous voudrez bien ne pas attendre que je sois à ma dernière extrémité pour me faire administrer. J'aimerais bien avoir alors toute ma connaissance.

On se rendit à son juste désir. Le 27 novembre, elle reçut l'Extrême-Onction. Tout le temps de la cérémonie, elle fut d'un recueillement extraordinaire. Elle répondait à toutes les prières, présentait chacun de ses membres avec cette simplicité que donne la foi. Puis, elle tenait les mains jointes, avec une si affectueuse piété que le prêtre lui-même en fut ému.

Ce sacrement lui procura quelque peu de soulagement mais l'enflure augmentait et montait toujours.

« Ah ! disait notre chère malade, cela est un « signe certain ; c'est sûr que je vais mourir ! Si « ce jour pouvait être le huit (et avec un air de « satisfaction). Quel bonheur d'aller célébrer cette « fête au ciel !

« Quel bonheur de voir la Sainte-Vierge !... »

Dans ce doux espoir elle fit la neuvaine avec une grande ferveur, ne parlant toujours que de l'amour de Marie, que du bonheur d'aller au ciel..

Mais, lui dîmes-nous ? Vous n'avez pas la permission de mourir. « C'est plus parfait, reprit-elle, « de ne rien désirer, de ne rien demander. Ce sera « comme le bon Dieu voudra. »

Le 7 décembre au soir, elle eut une crise très violente, nous crûmes qu'elle allait nous échapper. Cependant, elle se trouva moins mal, et ne pensa plus qu'à se préparer à la communion du lendemain, qu'elle devait faire pour la première fois en viatique et qu'elle pensait être la dernière.

Pour répondre à sa dévotion, la chambre fut plus ornée que de coutume ; toute la communauté s'y réunit, quatre congréganistes y furent aussi admises.

Après l'absolution du prêtre, la chère mère prononça la formule des vœux d'une voix douce et pénétrée et reçut ensuite la sainte communion.

Lorsque la supérieure revint dans la chambre : « C'est vous ma mère lui dit-elle. Ah ! qu'elle charité « dans la société ! » Puis, la voix pleine d'émotion et le visage baigné de larmes. « C'est trop de bon- « heur, continua-t-elle O mon Dieu, mourir dans « la société ! Mourir enfant de Marie ! Mourir fi- « dèle compagne de Jésus ! Que le bon Dieu a été « bon pour moi d'avoir permis que notre Révérende « Mère me reçut dans la Société ! Mon Dieu venez « emmenez-moi ! Venez, je suis prête, venez, venez « me chercher, ah ! si c'était aujourd'hui ! »... Et joignant ses mains avec plus d'affection en fixant son regard animé sur l'image de la Très Sainte Vierge.

« Ah! que j'aimerais que ce fut aujourd'hui! Venez « ô Marie! Venez ô mon Dieu ! »

N'est-ce pas, que vous prierez pour nous au Ciel, lui fut-il dit : « Oh! oui je prierai pour vous et pour notre Révérende Mère ! »

Le soir venu, elle dit un peu tristement : « Ce n'est « donc pas aujourd'hui ! » Comme le bon Dieu voudra, je ne veux plus y penser; tout comme le bon Dieu voudra; un jour de l'Octave, ce sera encore la fête de la Sainte Vierge, tout comme le bon Dieu voudra.

Ainsi, toute cette journée, notre chère malade ne parla que du bonheur d'aller au Ciel, souvent aussi, elle parla de notre Très Révérende Mère, du bonheur qu'elle aurait de la voir encore pour la remercier.

Cependant, elle souffrait beaucoup, elle ne pouvait presque plus se mouvoir, tant elle était enflée, mais sa patience était inaltérable.

Pas une plainte, toujours priant, toujours l'air souriant et aimable.

Dans sa visite du 12, le médecin avait dit: Notre chère malade s'en va, mais c'est un ange, elle ne tient pas à la vie. C'est vrai que pour vous autres, la mort c'est le Ciel.

Enfin, notre Très Révérende Mère écrivit. Je serai à Paris, le 14, ma première visite sera pour Gentilly. J'espère revoir encore une fois notre chère malade, si telle est la volonté de Dieu.

« Et bien, dit-elle, comme le bon Dieu voudra, don- « nez-moi à manger, s'il faut vivre encore; puis « réfléchissant: Est-ce que, notre Révérende Mère « a dit qu'elle veut que je vive? »

Non, notre Révérende Mère dit qu'elle espère vous revoir si telle est la volonté de Dieu.

« Ah! oui, si c'est la volonté de Dieu, toujours « mais pour nous, les désirs de notre Révérende « Mère sont des ordres; je vais donc tacher de « l'attendre. »

Le soir du 15, la voiture vint de Paris, exprès, pour apporter de la part de notre Révérende Mère, un message de consolation à notre chère mère Philomène, accompagné d'une bénédiction et du mot: « Au revoir! »

« Au revoir au Ciel, ajouta la malade. Au Ciel! « Notre Mère ne dit pas si elle viendra demain « ajouta-t-elle ensuite. C'est un grand voyage qu'elle « vient de faire; elle doit être bien fatiguée! ... »

La nuit suivante fut une longue agonie; notre chère malade souffrait dans tous ses membres. Sa toux était continuelle. Déjà, dans la soirée elle avait demandé qu'on n'attendit pas trop tard pour réciter les prières des agonisants, « afin, avait-elle dit « que je puisse les suivre; je les sais presque par « cœur, car je les ai dites bien souvent. »

Quatre fois pendant la nuit, nous la crûmes à toute extrémité et nous allumâmes le cierge béni. « Croyez-« vous que ce soit cela l'agonie? nous demanda-t-« elle, vers neuf heures. Oui lui dit-on? » C'est juste l'heure de celle de Notre-Seigneur Jésus-Christ. Unissez vos souffrances aux siennes: « Oh! oui, « dit-elle, mais pour cela, il faudrait que je res-« tasse bien tranquille. Je vais tacher. Vous me « direz quand il sera minuit. » Et notre mourante ne bougea pas et nous prions sans relâche. « Priez, « priez nous disait-elle quand nous cessions un « instant: Je ne puis pas toujours répondre mais, « je suis tout, j'entends tout. C'est une longue agonie « dit-elle plus tard, mais je l'ai bien méritée. Comme « Dieu voudra. »

Elle faisait de très fréquents signes de croix, demandait souvent de l'eau bénite, aimait qu'on en jetât sur son lit, baisait souvent le crucifix le serrant sur son cœur, sur ces lèvres, jetait de doux regards sur l'image du Sacré-Cœur, attaché au fond de son lit.

« Je suis tranquille, disait-elle, j'ai tout remis « dans le cœur de Jésus »; puis reportait un regard plein d'amour sur l'image de la Sainte-Vierge.

« Vraiment, dit-elle encore, je n'aurais jamais « cru que l'âme eût tant de peine à se séparer de « son corps, et qu'il fallut tant souffrir pour mou-

« rir. Mais, comme le bon Dieu voudra, tant que « le bon Dieu voudra, et qu'est-ce que je souffre « en comparaison de l'éternité de bonheur! »

Le matin venu, la toux devint un peu moins fatiguante. Après la messe, nous lui offrîmes de lui faire donner une dernière absolution. « Ai-je « besoin de me confesser, croyez-vous? dit-elle, « si j'ai fait quelque peine à quelqu'un, j'en de- « mande bien pardon. »

La veille, elle avait eu le bonheur de recevoir, pour la seconde fois, la communion en viatique; elle avait exprimé la même émotion, pleine de douceur, que le matin du huit, la même reconnaissance pour le bienfait de sa vocation; elle avait renouvelé ses fervents élans d'amour et de désir si souvent répétés pendant les derniers jours de sa vie.

La mort enveloppait chacun de ses membres, l'un après l'autre; elle s'en réjouissait et disait: « Quel bonheur! J'expie ainsi les péchés que j'ai « commis par chacun de mes membres. Vous pen- « sez que ce sera avant midi que je partirai, de- « manda-t-elle? »

Nous lui dîmes que nous le croyons, mais, à plusieurs reprises, elle assura que ce ne serait pas avant le soir. Comme on lui offrait à boire: « Oh! non, dit-elle, on boira au Ciel!... » Cependant, elle voulait finir ce qu'il y avait dans le verre *afin que cela ne se perdit pas.* « N'est-ce pas, « dit-elle, ma mère; vous m'habillerez ce soir. J'ai « là ma vieille robe et mon vieux bonnet, c'est « bien assez bon! C'est en ordre, c'est tout ce « qu'il me faut. »

Entre deux et trois heures de l'après-midi, son regard commença à se voiler; elle s'en étonna d'abord, mais, quand on lui eut dit que c'était l'annonce de l'arrivée très prochaine de Notre-Seigneur Jésus-Christ et de sa Sainte Mère, elle s'en montra toute joyeuse.

« Un peu plus tard, ma mère, ils viennent! dit- « elle tout-à-coup avec une extrême joie. » Et qui? lui demandat-on: « Notre-Seigneur et la Très

Sainte Vierge ! » et ces paroles furent dites avec un accent qui voulait dire : Ne les voyez-vous pas comme moi.

Vers trois heures et demie, arriva de Paris un message de notre Très Révérende Mère apportant sa bénédiction à sa bien-aimée fille. La chère mourante s'assit sur son lit, et joignant les mains : « Dites à notre Très Révérende Mère que « je la remercie mille et mille fois de toutes ses « bontés ; que je prierai bien pour elle et que je lui « rendrai tout au Ciel.... »

Et alors elle sourit d'un air angélique.

Les personnes présentes lui demandèrent en ce moment de ne pas les oublier : « Oh ! non, bien sûr, « je prierai pour tout le monde, je n'oublierai per- « sonne. Je rendrai plus que ce qu'on aura fait « pour moi, car là-haut, c'est la charité parfaite. »

Et elle baisa son crucifix avec effusion.

Après avoir renouvellé ses actes fervents de désir et d'amour, elle redemanda les prières des agonisants : « Vous me les avez déjà dites, mais « vous n'avez pas dit. Partez, âme chrétienne.... »

Son bras droit était déjà paralysé qu'elle essayait encore de faire le signe de la croix, en s'aidant de l'autre bras. Ne le pouvant plus, elle se résigna par un sourire.

Elle devint alors tout-à-fait immobile, mais elle continuait de prier tout bas. Une fois on se pencha vers elle, craignant qu'elle ne désirât quelque chose ; elle récitait le *Pater*.

Sa respiration devenant de plus en plus courte, nous lui demandâmes : « Nous entendez-vous ? » Elle répondit : « Oui, ma mère. » Jésus, lui dit-on. « Jésus » répéta-t-elle tout haut, et elle ajouta : « Partez, âme chrétienne ! ».

Nous lui récitâmes encore cette prière et cette autre : « Jésus, Marie, Joseph, je vous donne mon « cœur, etc. « et puis » Jésus, Marie, Jésus !... » elle cessa de respirer... elle était au ciel !... du moins c'était l'impression de nos cœurs ; il était huit heures et quart...

Le lendemain matin, nous remarquâmes avec admiration que la chère défunte était très flexible. Aucune odeur ne se faisait sentir; ses traits n'étaient pas altérés, au contraire, un sourire effleurait ses lèvres.

Le saint sacrifice fut offert pour le repos de son âme, et chacune de nous fit pour elle la sainte communion.

Les enfants sollicitèrent vivement la faveur de se remplacer auprès d'elle ; à aucune il ne vint en pensée d'avoir peur. Chacune lui faisait toucher son chapelet. Celles qui n'obtinrent pas la permission de venir envoyèrent le leur, toutes leurs médailles.

Les visites ne discontinuèrent pas de toute la journée, et le soir, les plus âgées demandèrent avec instance de coucher par terre, dans la chambre voisine pour se remplacer dans la nuit et être sûres de la voir encore une fois le matin

Le médecin de la maison ayant été informé de sa mort dit : « Ah ! elle est au comble de ses désirs !... elle est heureuse !... » Il entra et fut ému de la flexibilité de ses mains et de ses pieds,

Le médecin chargé de constater le décès, qui venait chez nous pour la première fois, ne put s'empêcher lui-même d'être surpris et de se montrer touché de la trouver à quatre heures et demie du soir, parfaitement flexible, et sans aucune odeur cadavérique.

Le lendemain, 18 mars, le visage de notre chère défunte n'était pas plus changé que la veille; aucune odeur ne s'était produite, et elle était aussi flexible que le premier jour.

Le commissaire des pompes funèbres s'attendait à trouver, trente-huit heures après le décès, une très mauvaise odeur dans la chambre mortuaire ; mais non dit-il, c'est extraordinaire, elle a l'air d'un ange.

Une demi heure plus tard, le cortège se mettait en marche pour conduire la dépouille mortelle de notre chère mère Philomène, à l'église d'abord et puis à sa dernière demeure.

Il ne nous reste plus qu'à remercier le bon Dieu,

et après lui, notre Révérende Mère, de nous avoir confié cette chère sœur pendant les derniers mois de sa vie.

Nous sommes persuadés que son séjour a été pour toute la maison et pour chacun de nous en particulier, ainsi que pour nos chères enfants un temps de bénédictions...

La mort des saints est non-seulement précieuse aux yeux du Seigneur, mais elle l'est bien aussi pour tous les membres de la famille à laquelle ils ont appartenu avant d'entrer dans le séjour des élus...

Oui, cette mort a été précieuse pour sa nouvelle famille qui l'avait adoptée et dans laquelle elle s'était perfectionnée au contact de tant de bons exemples qu'elle avait sous les yeux, de la part de ces saintes épouses de Jésus-Christ dont elle était devenue la fidèle compagne.

Elle l'est aussi pour sa première famille qui accepte comme un précieux souvenir qui se perpétuera de génération en génération l'héritage de ses vertus.

Nous aurons, de plus l'efficacité de ses prières, qui, du haut du trône où nous ne doutons pas que Dieu l'a placée feront descendre sur nous tous les grâces et les bénédictions du Seigneur.

MENDE. — Imprimerie veuve IGNON, rue des Bains, 11.

www.ingramcontent.com/pod-product-compliance
Ingram Content Group UK Ltd.
Pitfield, Milton Keynes, MK11 3LW, UK
UKHW022130170726
13837UKWH00003B/1478

9 782019 923440